운을 부르는 아이로 키워라

운을 부르는 아이로 키워라

1판 1쇄 발행 2020. 10. 5.
1판 2쇄 발행 2022. 2. 26.

지은이 김승호

발행인 고세규
편집 봉정하 디자인 윤석진 마케팅 김새로미 홍보 박은경
발행처 김영사
등록 1979년 5월 17일(제406-2003-036호)
주소 경기도 파주시 문발로 197(문발동) 우편번호 10881
전화 마케팅부 031)955-3100, 편집부 031)955-3200 | 팩스 031)955-3111

값은 뒤표지에 있습니다.
ISBN 978-89-349-9061-1   03370

홈페이지 www.gimmyoung.com   블로그 blog.naver.com/gybook
인스타그램 instagram.com/gimmyoung   이메일 bestbook@gimmyoung.com

좋은 독자가 좋은 책을 만듭니다.
김영사는 독자 여러분의 의견에 항상 귀 기울이고 있습니다.

아이의 인생이 바뀌는 부모의 운 공부

운을 부르는 아이로 키워라

김승호 지음

김영사

내 아이의 운을 좋게 만드는
부모의 운 공부

일찍이 공자는 "군자는 운명을 두려워한다"라고 말했다.

이는 미래에 일어날 일 때문에 미리 겁먹고 벌벌 떨라는 뜻이 아니다. 단지 갑자기 나쁜 일이 닥칠 수도 있으니 항상 조심해야 하며, 미래의 일은 아무도 모르는 것이니 현재의 상황만 보며 좋아하지 말라는 뜻이다.

사람들은 모두 좋은 운명을 기대하며 살아간다. 하지만 운명은 원하는 대로 되지 않는다. 그래서 두려울 뿐이다.

이런 말도 있다.

"사람은 노력을 다하고 운명을 기다린다 盡人事待天命."

이는 최종적인 것은 운명에 달려 있다는 뜻이다.

세상일은 흔히 그렇게 되기 마련이다. 실력은 있는데 운이 나빠서 실패하는 경우 말이다. 아무리 공부를 잘하고 일을 잘해도 운이 나쁘면 모든 것이 허사가 될 수 있다. 운은 최종적이고 절대적이다. 그렇다면 모든 일을 운에 맡기고 속 편히(?) 지내라는 것인가? 그런 뜻이 아니다. 단지 세상일에는 반드시 운이 필요하다는 사실도 염두에 두라는 의미이다.

온 세상일이 100% 실력만으로 이루어진다면 얼마나 살기 쉬울까. 죽자고 실력만 키우면 된다. 물론 실력을 갖추는 일이 쉽다는 뜻은 아니다. 흔히 사람들은 실력만 있으면 운은 자기 책임이 아니라고 생각한다. 그러나 이는 크게 잘못된 생각이다. 사람은 자기의 운마저 책임져야 하는 존재이다. 그렇지 않다면 나의 운은 누가 책임져줄 것인가!

"99%의 실력과 1%의 운이 필요하다."

이 말 또한 잘못된 생각이다. 1% 때문에 실패했다면 1%가 즉 100%의 효과를 낸 것이기 때문이다. 운은 있느냐 없느냐 이지 얼마만큼 있느냐는 중요하지 않다. 운이란 항상 100%이 거나 0%일 뿐이다. 그래서 운이란 실력만큼이나 중요하다. 어쩌면 운이 더 중요할 수도 있다. 이 문제는 이 책을 통해 하나하나 풀어나가기로 하자.

혹자는 말한다.

"기회만 주어진다면 무슨 일이든 자신 있다."

정말 어리석은 말이다. 세상이 편할 때는 실력만으로도 잘 풀릴 수 있지만, 모두가 비슷한 실력이라면 운이 추가되어야 성공할 수 있다.

오늘날의 사회는 어려서부터 실력을 갖추는 일에 온갖 정성을 들인다. 교육이 바로 그것이다. 하지만 누구도 운이 좋아지는 법을 가르치지 않는다. 오히려 운을 따지는 사람을 게으르다고 말하고 비웃을 뿐이다.

그러나 인생을 지나고 나면 잘 알게 된다. 운이라는 것이 매우 중요하다는 사실을 말이다. 그렇다면 어떻게 운을 만들어 나갈 것인가? 이는 실력을 기르는 것과 별반 다르지 않다. 단지 갖추어야 할 내용이 다를 뿐이다. 운은 따로 공부해야 한다. 그리고 자신의 운을 키우는 공부를 일찍 시작해야 그 효과가 분명하게 나타난다. 실력을 갖추는 공부도 일찍부터 시작하지 않는가!

운이라는 것은 어른이 되면서 드러나며 삶에 영향을 끼치는 것이어서 나이가 들어서 생기는 운일수록 고치기가 어렵다. 당연한 일일 수밖에 없다. 실력이 어려서부터 만들어지듯 운도 어려서 만들어지고 차츰 굳어지기 시작하면서 삶에 영향을 주기 시작한다. 어떤 사람은 자신의 운명을 자각하기도 하는데 이는 다행한 일이다. 운이란 그것이 운이라고 생각해야 비로소 바뀌기 시작한다.

물론 운이란(나쁜 운) 만들어질 때부터 미리 예방하면 더욱 좋지 않겠는가! 대개는 나이가 들면서 운의 존재를 느끼고 운이 자신의 삶에 미치는 영향을 깨닫기 시작한다. 세상은 실력만으로는 안 된다는 것을 말이다. 여기서 우리가 기억해야 할 것이 있는데, 바로 운도 만들어지는 때가 있다는 사실이다. 운은 어린 시절부터 차곡차곡 쌓여간다.

그렇다면 운은 언제 어떻게 만들어지며, 도대체 무엇일까? 운은 아주 오래전에 만들어진 것은 아니다. 우리의 우주는 137억 년 전에 만들어졌는데 이때는 우리의 운명 혹은 운이 아직 없었던 시대였다. 인류는 우주가 생긴 이래 100억 년 이상 지나고 나서 생겨났는데 운이라는 것도 그때 생겨났을 수밖에 없다. 그 내용을 자세히 규명하는 것은 이 책의 범위를 넘어선다. 단지 여기서는 사람의 생명이 시작되는 순간부터 운도 시작되었다는 것 정도만 말해두겠다.

운이란 다름 아닌 미래의 일에 대한 것인데, 우주 대자연의 모든 사물은 탄생하는 그 순간부터 미래가 예정되어 있다. 물질세계나 생명의 세계도 마찬가지이다. 다만 물질의 경우는 운명이라고 하지 않고 운동법칙 또는 관성이라고 하며, 생명체의 경우에 운이라고 말한다.

그런데 이 운명은 생명체의 어디에 들어 있을까? 심장이나 뇌 등에 있는 것은 아니다. 영혼이란 곳에 내장되어 있다. 뇌나 심장은 물질법칙에 따라 움직이는 자동기계일 뿐이다. 운은 차원이 높은 존재인 영혼에 들어 있다. 영혼? 새로운 개념이 등장했다. 그러나 어렵게 생각하지 않아도 된다. 생명의 뿌리가 영혼이니 운명도 그곳에 있다고 생각하면 된다.

인간에게는 영혼이 있고 그 안에 운을 비롯한 모든 존재 가치가 있다.

운은 생명이 세상에 태어난 순간부터 작동을 시작한다. 지난 생의 운명은 영혼 속에 내장되어 있고 이는 아직 발동하지 않고 있다. 새로운 생명체가 역사를 만들어가고 있는 중이기 때문이다. 그러나 전생의 영혼 속에 잠재하는 운은 시간이 좀 지나면 이번 생의 현실에 등장하게 된다. 운은 복합적이어서 전생의 영혼으로부터 비롯된 것, 현재 자신이 시작한 운, 여기에 부모로부터 받은 운이 있다. 따라서 아이가 어느 정도 자랄 때까지는 부모의 역할이 아주 크다.

어린아이의 운은 전생부터 쌓여온 것이며 부모의 운을 현재

빌려 쓰고 있기도 하다. 이 어린 시절부터가 중요하다. 어린아이들은 자신의 운이 만들어지는 시기까지는 부모의 운을 따르지만, 결국 자라서 자신의 운을 맞이하게 되므로 어른이 좋은 운을 가질 수 있도록 도와주고 잘 자라게 해줘야 한다.

부모가 할 역할은 아이를 튼튼하게 잘 성장시키고, 좋은 교육을 받게 하며, 풍족한 생활을 누리게 하는 것이라고 흔히 말하지만, 아이의 운을 만들어주는 것 또한 매우 중요하다. 훌륭한 부모라면 아이의 운명마저 보호해주어야 마땅하다. 이는 상당히 어려운 일이다. 지식을 배우고 익히는 교육은 학교에서 대신해줄 수 있지만, 운명은 부모가 만들어주어야 한다.

그러나 다행히 운명을 만들어주는 것은 학교교육처럼 많은 내용을 알려줘야 하는 일은 아니다. 단지 부모가 먼저 운의 뜻을 알아 아이에게 특별한 내용을 조금씩 가르치면 된다. 이참에 부모 자신도 운을 고칠 수 있다면 더욱 좋은 일이 아니겠는가! 어른이 배우고 공부해 아이를 가르치며 함께 운을 발전시켜 나가는 것이 바로 이 책의 목표이다.

왜 아이에게 운이 중요한가?

하늘에는 사계절이 있다. 봄, 여름, 가을 그리고 겨울인데 이는 우리 인생의 전 과정과 완전히 일치한다. 어린 날은 봄에 해당된다. 이 시기에는 부모에게 밀착되어 자란다. 부모는 아이의 성장을 기다리며 먹이고, 재우고, 입히고 보호하며 온갖 정성을 쏟는다.

하지만 이 시기에 특별할 것은 없다. 오로지 조심스럽게 아이를 보살피며 세월을 기다릴 뿐이다. 그러다가 아이가 더욱 성장하여 청소년이 되면 상황이 달라진다. 이때부터 부모는 아이를 본격적으로 교육시켜야 한다. 바로 여름에 해당된다. 교육의 시기로 아이의 인생을 좌우하는 가장 중요한 때이다.

인간은 교육을 통해 만물의 영장으로서의 면모를 갖추어가는데, 이때 잘못된 성품을 얻으면 사회에 진출하여 성공할 확률이 떨어진다. 당연한 일이다. 그래서 부모는 아이를 기필코 교육시켜 위대한 인간으로 키우고자 한다.

교육을 잘 시키면 아이는 성공한다. 이는 부모의 생각이다. 그러나 인생은 그리 단순하지 않다. 운이란 것이 있기 때문이다. 이것은 아무도 모르는 순간에 불쑥 나타나 인생을 지배한다. 교육을 잘 받았거나 받지 못한 사람이거나 상관없다.

운은 완전히 제멋대로이다. 사람은 대개 실력이 있고, 노력하면 인생이 잘 풀려나갈 수 있다고 생각한다. 그러나 운의 뒷받침이 없는 한 인간의 그러한 생각은 한낱 꿈에 불과하다.

관건은 운이다. 운이란 막연히 기다려야 하는 존재인가? 그렇지 않다. 이 책을 읽다 보면 자연히 알게 되겠지만 운이란 하늘이 만드는 것이 아니다. 인간 스스로 만드는 것이다. 그래야 공정하고 인생의 의미가 있다. 우리의 인생을 살펴보면 나이가 들면서 운의 작용이 현저한데 이는 사람이 나이가 들면서 정신이 굳어지기 때문이다. 그래서 운도 판에 박힌다.

그러나 아이들은 정신이 유연하기 때문에 운도 유연한 법이다. 아이로 하여금 얼마든지 운을 부르게 할 수 있다는 뜻이다. 물론 부모에 의해 이렇게 될 수 있다. 부모는 아이를 교육시킬 때 단순히 사회적 기술만 익히게 해서는 안 된다. 아이의 운까지 키워주어야 한다.

그 방법은 한마디로 얘기할 수 있는 것은 아니다. 이 책은 아이의 운을 만드는 법을 보여주고 있다. 세심히 읽고 잘 연구하면 원리를 깨달을 수 있을 것이다. 아이의 운을 만드는 법을 알면 이로써 부모 자신도 운을 창조할 수 있게 된다. 우리는 부모이며 또한 아이이기 때문이다. 독자 여러분의 무한한 운을 기원하며 또한 기대해본다.

아이의 운은
어디에서 오는가

훌륭한 부모 밑에서 훌륭한 아이가 자란다.
자녀의 운은 부모의 성품과 교육에 따라 달라진다.
자녀의 운에 있어 부모의 역할은 매우 중요하다.

1
—
장

어떻게 하면 아이를 잘 키울 수 있을까

종종 부모들이 나에게 "어떻게 하면 아이를 잘 키울 수 있습니까?" 하고 묻는다. 다시 말해 아이의 운을 어떻게 하면 좋게 할 수 있느냐는 질문이다. 나는 한결같이 "가르치지 말고 보여주라"고 대답한다.

마음이 여린 아이들은 보이는 것을 그대로 따라 배우는 경향이 있다. 아이는 부모의 거울이라는 말이 있듯이, 아이는 거울처럼 부모의 행동을 따라하고 배운다. 그만큼 부모는 행동 하나하나를 조심해야 한다.

지인 A의 얘기를 해보자. 이 사람은 젊어서 소위 잘나가다가(?) 나이가 들면서 실패하고 말았다. 사업이 망하고 갑자기

가난해졌다. 따라서 자식들에게 물려줄 재산도 없고 자기 몸 하나 건사하기도 어려운 상황이 되어 버렸다. 참으로 가엾은 일이다. 세상에는 이런 사람이 꽤 많다. 그래도 A의 인생에는 아주 작은 희망이 남아 있었다.

A는 성품이 온화하여 주변에 따르는 사람이 많고 인정을 받았다. 조용한 성격에 불만이 없으며 부부간에도 큰소리 한 번 오가는 법이 없었다. 가족이 모였을 때도 화목한 분위기를 만들었다.

이 성품이 그대로 자식에게 상속되고 있었다. A의 자식 둘은 모두 착하고 성실하고 성격 또한 온화했다. 이는 부모로부터 자연스레 이어받은 성품임에 분명하다. 성품은 보이지 않는 가운데 이렇게 자녀에게 상속되는 법이다.

A의 자녀들은 현재 사회생활을 원만하게 하고 있으며, 매사 평화롭게 발전하는 중이다. 이 아이들은 어느새 부모의 성품을 상속받아 자신의 것으로 만들어가고 있다. 다시 말해 부모의 훌륭한 성품이 자녀에게 자연스레 흘러 들어가 운을 좋게 만들고 있는 것이 분명하다.

A는 사업의 실패로 물질적 자산은 잃었을지 모르지만, 성품이라는 자산은 끝까지 지켜 자식들에게 나누어주었다. 곤두박질치던 A의 형편도 시간이 지나며 조금씩 풀리기 시작했다.

이는 자식의 좋은 운이 아버지에게 반사된 것이다. 처음 자식의 운은 부모로부터 받은 것이지만 이제는 그것이 자라서 부모에게 영향을 끼치고 있다.

운이란 이런 것이다. 자식에게 비추면 거울처럼 다시 반사되어 부모에게 돌아온다.

A는 그 모진 운명 속에서도 자신을 잘 지켜냈고 자식에게까지 좋은 운을 심어주었다. 이는 자식에게 말로써 가르친 것이 아니다. 행동으로 보여주었을 뿐이다. 시끄럽게 훈도하는 것이 능사가 아니다. 사람은 귀로 듣는 것보다 눈으로 본 것을 중시하고, 급하고 일시적인 것보다 천천히 지속되는 기운을 흡수하는 법이다. A는 말없이 자식을 잘 키웠다.

그래서인지 주변 사람들로부터 "자녀를 훌륭하게 키워낸 비결이 무엇입니까?"라는 질문을 종종 듣는다. 여기서 훌륭함이란 아이의 행복, 인격, 운 등을 말한다. 자녀의 운에 있어 부모의 역할이 얼마나 중요한지 지금부터 하나하나 배워보자.

❀ ❀ ❀

**"훌륭한 부모 밑에서 훌륭한 아이가 자란다.
자녀의 운은 부모의 성품과 교육에 따라 달라진다."**

아이의 첫 번째 운은 부모에게서 온다

우리는 태어나는 순간 가족관계가 만들어진다. 이 관계는 영원히 지속된다. 설사 죽음으로 만나지 못하게 된다 하더라도 가족관계는 유지된다. 물론 아직 살아 있는 사람의 마음속에서 말이다. 이것의 유효성까지는 확인하지 말자. 어떤 사람들은 죽은 조상과 자신의 관계를 믿는다.

왕래를 못하는 것은 다른 문제이다. 흔히 가족이면서 평생 만나지 못하는 경우도 허다하지 않은가! 심지어 한집에 살면서도 남처럼 사는 사람들도 있다. 마음에서 멀어진 경우이다. 그러나 가족관계는 마음으로 멀어지든 죽음으로 못 만나게 되든 본인의 선택과는 무관하게 영원히 유지된다. 여기서 이런 질문을 할 수 있다. "우리가 태어나기 전에도 가족관계는 있었던 것일까?" 이 질문은 생명이 무엇이며 가족의 운명이 무엇인지를 생각해보기 위해 절대적으로 필요하다.

먼저 생각해볼 문제는 가족이란 무엇이며, 가족이 된 이유는 무엇인가이다. 어떤 종교에서는 신이 가족관계를 만들어주었다고 하는데, 그렇다면 부모와 자식이 한 가족이 된 이유는 무엇인가에 대한 질문이 남는다. 어떤 설에 의하면 신이 창고에 보관하고 있던 가족의 영혼을 선택해 태어난 아이에게 하나씩 배정한다고 한다. 과연 그럴까? 가족이 아무런 이유 없이 우연히 신의 선택으로 만들어진다는 말인가! 이 문제도 어려운 것이니 그만 생각하자. 다만 가족관계는 우연 이상으로 의미가 있다. 가족은 분명 관계를 맺을 이유가 있고 또 원래부터 정해져 있던 운명이다.

본래의 문제로 돌아오자. 운은 일단 그 자체에 영혼이 깃들어 있다. 또한 세상 자체에 들어 있기도 하다. 우리 각자는 우주의 영혼이란 뜻이다. 이 영혼은 드디어 활동을 개시한다. 이 활동은 자신에게 기록되고 동시에 우주 자체에도 기록될 것이다. 종교에서 흔히 죽은 후에 죄를 묻는 것은 이 이유에서이다. 살아 있을 때 뇌는 고장이 나지만 영혼은 완전한 존재이기 때문에 고장 날 리 없다. 언제나 자신의 행위를 영원히 보존한다. 그렇지 않다면 죽어서 벌을 받는 일도 없을 것이며, 가족 관계도 없게 된다.

상식적으로 생각하자. 모든 것은 유지되고 있다. 이제 영혼이 몸을 가지고 태어난다. 그로써 새로운 신분이 다시 태어나는 것이다. 이는 배우가 다른 작품에 출연하는 것과도 닮아 있다. 배우는 지난 작품에서의 배역은 잊어야 한다.

영혼은 다시 태어나면서 몸을 가진 가족관계를 형성한다. 백지상태로 태어난 아이는 부모의 보살핌으로 자란다. 사람은 아주 미숙한 존재이다. 태어나서 가족이 돌보지 않으면 생존 자체가 불가능하다.

인간은 돌봄과 함께 교육도 받는다. 사람은 교육을 통해 차츰 인격체가 된다. 처음에는 가족에 의해 그리고 나중에는 환경이나 교육에 의해 변화해 나간다. 또한 자기 자신이 만들어 나가기도 한다. 여기서는 부모에 의해 만들어지는 어린 날들만 생각해보자. 아이들은 몸만 자라는 게 아니라 성품도 만들어간다. 이는 전적으로 부모에 의한 것이다.

사람은 다소 유전자가 다를지라도 인간으로서 부모에 의해 인격이나 신체를 형성해 나간다. 어린 시절에는 아직 성격도 형성되어 있지 않고 딱히 운명이라는 것도 없다. 초반에는 부모의 운이 그 아이의 운이다. 갓난아이가 다쳤다면 이는 완전히 부모의 책임이기 때문이다. 아이들의 성품이나 삶을 지배하는 운은 부모에 의해 대부분 형성된다.

다시 말해 사람은 태어난 후 부모의 가르침을 받으며 스스로 삶을 시작한다. 부모의 중요성은 이루 다 말할 수 없다. 사람은 부모가 만들어준 그 성품으로 평생을 살아간다. 그래서 부모는 정성을 다해 아이를 키워야 한다. 아이의 운명마저 만들고 있으니 말이다.

요점은 이것이다. 아이는 태어나 부모에 의해 운명이 결정된다. 부모는 아이의 운명마저 키우고 있는 셈이다.

❖ ❖ ❖

**"태어나는 순간부터 가족관계가 만들어진다.
처음에는 부모의 운으로 아이가 살지만,
훗날에는 아이의 운으로 부모가 산다."**

내 아이 운명 똑바로 보기

저승에 가면 업경대業鏡臺라는 신비한 장치가 있다고 한다. 마음을 비추어보는 장치인데, 이 앞에 서면 과거에 있었던 모든 행위가 드러난다고 한다. 편리하고도 무서운 장치라 하겠다. 그러나 이런 장치가 없더라도 우주의 모든 사물은 그 역사가 기록되는 법이다. 기록자가 있어서 일일이 서류에 기록하는 것이 아니라 자동으로 이루어진다,

우주의 사물, 예컨대 먼지 같은 것의 역사는 별게 아니다. 그러나 영혼의 역사는 그렇지 않다. 의미라는 것이 존재하기 때문이다. 영혼은 살아가면서 어떤 흔적(역사)을 우주에 남기면서 자신의 내면에도 기록을 남긴다. 이로써 영혼은 밖으로부터 책임을 지는 존재가 되고 내부에서는 성향이 만들어진

다. 후에 외부에 남겨놓은 영혼의 역사는 우주의 반작용으로 인해 운명이라는 것을 갖게 된다. 한편 영혼은 스스로 무엇인가를 만들어낸다.

세상 즉 물질세계에는 따로 법칙이 있어서 자연현상을 지배한다. 이것에도 미래가 존재한다. 공을 던지면 날아가는 것이 바로 미래이다. 은행에 빚을 지면 갚아야 하는데 이것도 미래이다. 물질세계는 현재의 작용과 미래라는 현상이 어우러진 무대이다. 오늘날 과학자들은 미래의 현상들을 속속들이 잡아내고 있다. 하지만 이것은 운명하고는 아주 다른 내용이다.

운명은 물질세계 위에서 지배하는 힘이다. 그러니까 세상은 스스로 존재하면서 운명의 지배를 받는 셈이다. 이러한 섭리는 인간에게는 아주 강력하게 나타난다. 물질에게는 운명이 있어도 아주 미미하다. 이것은 시간이 지나면서 소멸해 나가는 힘이다. 과학자들은 일찍이 물질에서 나타나는 운명에 대해서 연구했는데 대표적인 것이 뉴튼의 운동법칙이다. 특히 작용 반작용이라고 부르는 것을 참조하면 운명이 존재해야 하는 이유를 아는 데 도움이 될 것이다.

우주대자연의 작용은 미래와 현재가 얽혀져 있다. 우리는 우주대자연의 작용인 이 운명에 대해 알고 싶어 한다. 그런데 운명은 미리 알면 운명이 아니다. 우리가 운명의 방향을 바꾸어갈 수 있기 때문이다. 어떤 운명은 아주 강력하여 대책이 안 선다. 그러나 작은 운명에 대해서는 인간이 관여할 수 있고 좋은 방향으로 바꿀 수 있다.

우리의 몸도 이와 비슷하다. 아주 큰 병은 의사도 치료할 수가 없다. 하지만 작은 병은 의사가 확실히 치료해낼 수 있다. 거대한 운명은 실로 무섭다. 그럴 때는 처신하는 법을 배우는 것만으로도 위안을 삼아야 한다. 반면 작은 운명에 대해서는 그것을 고치고 더 나아가 지배할 수 있도록 기지機智를 발휘해야 한다. 어떻게? 사람들은 운명을 매우 어려운 것으로 생각한다. 그러나 운명은 보려고 하면 보이는 법이다. 방법은 간단하다. 저 사람은 어떤 운명을 맞이하게 될까? 바로 이런 의문을 가지면 된다. 항상 그렇게 해보라. 어느덧 미래의 그림자가 현재에 드리우는 흔적이 보일 것이다.

나는 50년 동안 주역을 공부하면서 이것을 해봤다. 그랬더니 차츰 운명이 보이기 시작했으며 그에 대해 확신도 커지고 있다. 신통력이 아니다. 누구나 가지고 있는 힘인데 모를 뿐이다. 아니, 모르려고 애쓰는 것이다. 운명을 어떻게 알아? 이런 식이다. 우리는 며칠 후의 날씨를 알 수 있다. 그것은 인류의 관심에서부터 비롯되었다.

운명이란 것도 관심만 가지면 보이는 것이 많다. 나는 어떤 사람에 대해 수십 년씩 관찰해왔고, 예전에 생각했던 그의 운명과 현재를 비교해보곤 한다. 나는 지금도 내 주변의 많은 사람들의 운명 추이를 주의 깊게 관찰하고 있다. 특히 젊은 사람들을 보면서 이들의 장래가 어떻게 될지 질문하고 스스로 답을 내본다.

미래는 어린아이일수록 잘 안 보이고 어른이 될수록 대개 잘 보인다. 어린아이의 미래는 알기 어려운 법이다. 그러나 살피고 또 살피면 단서가 나타난다. 부모들은 이 단서를 보며 아이를 교육해야 한다. 그런데 부모에게는 약점이 있다. 바로 자녀에 대한 사랑이다. 사랑에 눈이 멀면 아이의 미래를 정확히 보기가 어렵다. 우리 아이는 잘될 거야! 걱정할 게 없어! 지금 잘 키우면 되지! 이런 식으로 부모는 스스로 눈을 가린다.

저승의 업경대 앞에서는 그 누구라도 사실 그대로 비추어질 뿐이다. 아이의 미래를 알고 싶은 마음은 업경대 앞에 세우는 심정이어야 한다. 우리 아이는 어떻게 크고 있는가? 현재는 아이가 어떤 행동과 모습을 보이는가? 사랑은 잠시 덮어두고 냉철히 바라봐야 한다. 아이의 미래를 아예 안 보겠다는 부모는 건강검진을 안 받겠다는 사람과 같다. 미래를 알아내는 일만큼 중요한 세상사는 없다.

어떤 부모들은 아이의 미래를 재단하는 것을 잔인하다고 느끼기도 한다. 사랑하면 그만이지! 그걸 왜 생각해? 불쌍하잖아! 크게 잘못된 생각이다. 아이에게 나쁜 운명이 닥쳤을 때도 그런 말을 하겠는가? 의학의 발달로 부모는 아이가 늙어가는 모습조차 지켜볼 수 있게 되었다. 우리는 자식의 운명 전개를 오래도록 보게 될 것이다.

사랑은 부모 스스로가 안으로 간직하면 된다. 아이의 운명을 보는 눈은 바로 건강검진과도 같아야 한다. 부모의 사랑은 반드시 필요하지만 지나친 사랑이라면 운명을 키워나가는 데 장애가 될 수도 있다는 사실을 유의해야 한다. 어떤 아이들은 부모 때문에 확실히 잘못되기도 한다. 나는 무수히 많은 사례를 봐왔다.

❁ ❁ ❁

**"아이의 운명을 알아보는 것은 건강검진과도 같다.
사랑만으로 아이를 키워서는 안 된다.
사랑은 잠시 옆으로 치워두고 냉철하고 객관적으로
아이의 운명을 바라봐야 한다."**

신용은 좋은 운의 밑거름이다

인간에게 가장 중요한 성품은 무엇일까? 그것은 다름 아닌 신용이다. 예부터 신信은 인간의 5가지 덕목 중에 가장 중요한 것으로 여겨져 왔다. 신信은 땅의 덕을 일컫는 덕목으로 땅이 없으면 그 무엇도 설 수 없기 때문이다. 세상에는 믿지 못할 사람이 있다. 약속을 안 지키는 사람, 쉽게 변하는 사람, 약속 시간을 자주 변경하는 사람, 말을 과장하는 사람, 말을 쉽게 바꾸는 사람 등이 바로 그런 사람이다.

이런 사람은 언제 배신할지 모르기 때문에 조심해서 사귀어야 한다. 세상의 많은 사람이 배신을 당해서 괴로워한다. 배신이란 단어 자체가 믿음을 저버렸다는 뜻이다. 일단 신용이 있다면 제대로 된 사람으로 봐도 좋다. 착하거나 지혜롭거나 정의롭거나 예의가 바른 사람도 신용이 없다면 더 볼 필요가 없다. 그래서 사람은 그 어떤 성품보다도 신용을 갖춰야 한다.

이 신용의 덕은 사회에서뿐만 아니라 가정에서도 절대적으로 필요하다. 어떤 부모들은 아이들과 약속해놓고 쉽게 잊어버린다. 하지만 아이들은 그 약속을 잘 잊지 못한다. 아이들은 단순해서 부모가 한 약속에 많은 기대를 한다. 부모는 자식에게 한 약속을 반드시 지켜야 하며 계획도 함부로 바꿔서는 안 된다. 놀러 가자고 약속해놓고 사정이 있다며 미루는 것은 약속 파기이다. 물건을 사주기로 하고 안 사주면 이 또한 약속을 안 지키는 것이다.

어른들은 별문제가 아니라고 생각하기 때문에 아이와 한 약속을 어기기 일쑤이다. 그러나 이는 큰일 날 일이다. 부모로부터 그런 모습을 자주 보게 되면 아이들은 어느새 그런 성품을 익히게 된다. 이는 장차 사회에 나가서 부모가 한 행동을 똑같이 하게 된다. 신용이란 습관적이다. 그것을 잘 지키는 사람을 보고 자라면 아이들은 그렇게 커가는 법이다. 그리고 대충 말하는 부모를 보고 자라면 커서 믿을 수 없는 사람이 된다. 아이가 만일 믿을 수 없는 사람으로 자란다면 장차 그 아이가 복 있는 사람이 될 수 있겠는가?

아이들은 사소한 것에 쉽게 상처를 입고 어른들의 행동을 암암리에 배운다. 사회활동을 하면서는 이런저런 사정으로 약속을 어길지언정 아이와 한 약속은 사소한 것이라도 어겨서는 안 된다. 세상에 이처럼 아이를 망쳐놓는 일은 없다. 신용이 없는 자는 하늘도 외면하는 법이다. 아이에게 신용이란 덕목을 심어놓을 수 없다면 운 좋은 아이로 만드는 일은 포기해야 한다.

억만금을 상속해도 신용이 있는 아이로 키우는 것만 못하다. 하늘은 신용이 없는 자를 최우선으로 벌하는 법이다. 신용이 없다는 것은 많은 사람을 배신하는 일이기 때문에 하늘도 그 사람을 응징하는 법이다. 만약 내 아이가 약속을 잘 지키지 않는다면 도둑질한 것 이상으로 엄하게 단속해야 한다. 부모에게 배운 대로 약속을 가볍게 여기는 아이는 세상을 가볍게 알아 결국 위험한 사람이 되고 말 것이다.

이런 사람은 사람의 존경을 받지 못해 외로운 운명을 맞이할 것이 뻔하다. 아이에게 지식이나 재산을 상속하기에 앞서 하늘도 믿을 수 있는 사람으로 만들어줘야 한다. 어른도 아이도 약속을 잘 지키면 그 집안은 반드시 좋은 운을 맞이하게 되어 있는 법. 신은 약속을 가장 중시한다. 그래서 약속을 잘 지키는 사람은 신에게 가장 사랑을 받는 존재가 된다. 만일 아이들을 키우며 신용이라는 성품을 갖추게 해주었다면 아이에게 좋은 운명을 심어줬다고 말할 수 있다.

**"아이와의 약속은 아무리 사소한 것이라도 지켜야 한다.
사람의 존경은 먼저 신용에서 시작한다.
신뢰가 무너지면 좋은 운을 갖기 어렵다."**

행복은 어디에 모이는가?

·

유난히 잘 다치는 아이들이 있다. 자동차 사고를 당하거나 자전거를 타다가 넘어지거나 싸우다 상처를 입는다. 이런 아이들은 어른이 되어서도 다치는 일이 많은데, 보통 아이들하고 확실히 다른 면이 있다. 자주 다치는 아이들은 성인이 되어서도 직장에서 해고를 당하거나 결혼생활이 깨지거나 사업에 실패하는 경우가 많다.

이뿐이 아니다. 학교를 그만두거나 시험에 합격하지 못하거나 사기를 당하거나 범죄에 연루되기도 한다. 불운한 사고는 누구나 겪을 수 있는 일이지만 이런 일이 잦으면 문제가 있다. 운의 영향이라 할 수 있는데, 이는 영혼이 요동치기 때문이다. 이런 사람은 평생 안심할 수가 없다. 이들의 영혼에 무슨 문제가 있어서일까? 많은 이유가 있겠지만 부모의 영향이 매우 크다.

이런 것까지 부모의 책임이란 말인가? 사실이 그렇다. 금방 고칠 수 있으니 놀랄 필요는 없다. 다만 아이를 기르는 부모는 이런 일에 세심히 주의해야 한다. 건강도 그렇지만 사회에 낙오가 되는 운명이라면 행복한 일생을 살아가기 어렵다. 어째서 이런 일이 있는가! 부모가 어떻게 했기에 아이의 운명이 이렇게 불운하단 말인가.

부모의 직접 책임은 아니다. 이런 아이들은 영혼이 겁을 먹은 것뿐이다. 필요한 것은 부모의 사랑이다. 사랑을 주기만 한다고 능사가 아니다. 받는 사람이 사랑을 충분히 느껴야 한다. 실수가 많고 사고가 많고 운이 잘 안 풀리는 아이는 좀 더 보호해주면 그만이다. 현재 영혼이 피곤한 상태일 뿐이니 그것을 달래주면 된다. 이런 아이는 함께하는 시간을 많이 갖고 살뜰히 보살펴야 한다. 아이에게 화를 내기보다는 친절하고 상냥한 목소리로 대하고, 자주 안아주며 사랑받고 있음을 아이가 느끼게 해주면 효과가 있다.

이런 아이는 주역을 통해 현재 상태를 해석하고 방향을 설정해 나가면 좋다. 주역에서는 이런 아이를 연못의 기운이 부족하다고 말한다. 부족한 연못의 기운을 부모의 사랑으로 채워 나가야 한다. 평화 또는 긍정의 기운으로 채워야 한다. 어떤 부모는 아이를 사랑하면서도 표현하지 않는다. 또 어떤 부모는 물질로만 사랑을 표현한다. 둘 다 좋은 방법은 아니다. 함께 자주 시간을 보내고 아이가 부모를 편하게 느끼도록 해주어야 한다.

아이를 야단만 치지 말고 괜찮다고 자주 말해줘야 한다. 실수나 잘못이 있어도 대수롭지 않게 넘어가는 것이 좋다. 아름다운 광경을 자주 보게 하고 좋은 것들을 자주 접하게 해주면 좋다. 예컨대 가족이 함께 여행을 가면 좋다. 여행하며 손을 잡아준다거나 칭찬을 자주 해주면 더욱 좋다.

아이의 영혼은 보통 영혼과 마찬가지로 감싸주면 된다. 영혼이란 원래 감싸주는 것을 좋아하는 법이다. 다만 사고가 잦은 아이는 남보다 조금 더 보호가 필요하다. 보호하지 않고 방치하면 불운한 아이가 될 수밖에 없다. 자식을 기르는 것은 참으로 어렵다. 그 영혼까지 돌봐야 하다니! 그렇다고 힘들어 할 일은 아니다. 우리 자신도 그렇게 자라왔다.

생명이란 보호하고 보호받아야 마땅하다. 어려서 너무 고독하게 두면 그 아이의 영혼은 병들어 약해질 것이다. 이는 연못의 기운으로 회복시킬 수 있다. 연못에 물을 담듯 부모의 사랑이라는 그릇에 아이를 담아야 한다. 제발 사랑을 많이 줬다고 말하지 말라. 사랑이 더 필요한 아이도 있다.

연못의 기운은 그 자체로 행운을 이끈다. 행복이란 그것이 왔을 때 누리는 것이 아니다. 아직 행복이 오지 않았어도 미리 행복을 느끼면 행복은 찾아오는 법이다. 인생이란 지독하게 애쓰지 않아도 된다. 좋은 운은 찾아오는 것이지 내가 찾아 나서는 것이 아니다. 우리 모두 긍정적이고 행복을 미리 느낄 수 있다면 운을 걱정하지 않아도 된다. 운을 찾아가지 않아도 되지만 끌어당기기는 해야 한다. 이는 우리의 태도에 달려 있다.

하늘의 기운은 연못의 기운이 있는 곳으로 달려가는 법이다. 내 자신이 먼저 행복한 그릇이 되어 아이에게 좋은 기운을 주라! 반드시 행복은 찾아온다.

❀ ❀ ❀

**"부모가 행복해야 아이도 행복하다.
부모의 보호와 사랑이 없으면 불운한 아이로
자랄 수밖에 없다. 함께 손을 잡고 여행을 가고,
자주 칭찬하며 사랑을 듬뿍 주어야
영혼이 행복한 아이로 자랄 수 있다."**

남에게 베풀 줄 아는 사람

D는 공부도 잘하고 잘생기고 건강하고 재주도 아주 많았다. 수퍼맨이라고 불릴 정도였으며, 장래가 촉망되는 사람이었다. 현재는 고정된 직업이 없지만, 과거에는 이것저것 안 해본 일이 없었다. 이야기를 나눠보니 그럴 만했다. 그의 많은 지식은 경험이 아니라면 얻기 어려운 것들이었다.

D는 체력도 좋아 늘 에너지가 넘쳤다. 동작도 민첩했고 무슨 일이든 성실히 임했다.

또 D는 근검절약과 성실이 몸에 밴 사람이었다. 할아버지 때부터 가정 교육도 철저했고, 현재 D의 자식에게도 근검절약의 습관이 잘 전수되고 있었다.

어느 면으로 보나 흠잡을 데가 없는 D의 운명은 어떠할까?

이상하게도 돈벌이가 시원치 않아 힘들어 보였다. 하지만 타고난 긍정적 성격과 강인한 정신력 때문인지 누구에게 하소연도 하지 않고 의연하게 대처했다. 더구나 가족들은 크게 아픈 적도 없다고 하니 이 또한 복이다. 다만 현재 돈을 벌지 못한다는 것은 문제이다. 이거야 앞으로 돈만 벌면 해결될 일 아니겠는가!

그런데 돈 벌기가 어디 쉬운 일인가. 돈 버는 일에는 운이 작용한다. D의 운에는 아무 문제가 없는 걸까? D는 모든 면에서 완벽한데 단 하나 문제가 있다. 다른 사람에게 절대 선물을 하지 않았다. 연애 시절에도 자식의 생일에도 부모님의 생신에도 선물이라고는 일절 하지 않는다. 왜 선물을 하지 않느냐고 물으면, 그는 "안 주고 안 받으면 좋잖아. 선물을 왜 해?"라고 되려 되묻는다.

어려서부터 쓸데없는 낭비를 배운 적이 없다며, 선물 같은 것은 절대 안 한다고 말한다. 참으로 이상한 사람이다. D의 행동은 과연 문제가 없을까? 사람이 서로 정을 나누어야 하는데, 그 정이라는 것을 모르니 문제가 아닐 수 없다.

선물에는 사랑이 담겨 있다. 남을 사랑하지 않는 사람은 하늘도 사랑하지 않는다. D는 사랑이란 마음으로 하는 것이지 물질로 하는 것이 아니라고 말한다. 이 무슨 말도 안 되는 얘기인가! 인간은 육체를 통해 움직인다. 온 세상은 물질로 이루어져 있다. 이러한데 물질 없는 사랑은 도대체 무엇이란 말인가. 우리는 지금껏 부모의 물질을 이용해 살아왔다. 그 안에 바로 사랑이 담겨 있다. D는 자식들에게도 겨우 죽지 않을 만큼의 물질(먹을 것)만 제공할 뿐 문화나 여가를 위한 물질은 주지 않는다.

선물은 그 안에 실제적인 뜻인 마음이 담겨 있다. 그런데 마음만 있을 뿐 선물이 없다면 마음은 없는 것과 같다. D는 물질(돈)이 생길 일이 없는 운을 살고 있다. 그의 자식도 마찬가지다. 아버지가 물질 없는 인생을 살았으니, 후손도 똑같은 삶을 살아갈 것이다.

나는 D와 비슷한 사람을 안다. 40년 동안 지켜봤는데 그의 인생은 성공하지 못했다. 자식은 취업을 하지 못했으며, 그 자신도 사는 게 여간 힘든 게 아니다. 남에게 선물 한 번 안 하고 아끼며 살았는데 말이다. 선물을 안 하는 것과 절약은 다르다. 선물은 사랑이고, 절약은 관리일 뿐이다. 선물은 남을 존경하고 고마워하는 마음이며, 자신을 희생하여 남을 기쁘게 하는 행위이다.

자식에게는 선물하는 법을 반드시 알려줘야 한다. 부모가 그런 행동을 보여야 한다. 세상의 모든 것을 아껴도 남에게 주는 선물을 아껴서는 안 된다. 우리가 하늘로부터 선물을 받고자 하는데, 이 선물에 물질이 배제되어 있다면 얼마나 허무한 일인가!

"돈 버는 일에는 반드시 운이 필요하다.
베풀 줄 모르는 사람에게는 절대 운이 들어오지 않는다.
남에게 선물할 줄 모르는 부모 밑에서 자란
아이에게는 운이 따르지 않는다."

명품 아이로 키우는 비결

명품이란 것이 있다. 고급 브랜드의 제품으로 상당히 인기가 있고 희귀성이 있는 물건에 붙여진 명칭이다. 예술품도 아닌 그저 생활용품에 불과한데도 명품은 가격이 엄청나서 보통사람(?)은 가질 엄두가 나지 않는다. 이런 것이 꼭 필요할까? 특별히 사용하기 좋은 것도 아닌데, 어떤 사람은 명품이라면 얼굴색이 환해진다.

명품 중에도 좋은 물건은 있다. 하지만 가격에 비해서 명품의 가치는 그리 대단한 것이 아니다. 세상의 물건은 사용하기 위해 존재한다. 물론 예술작품은 예술적 가치 때문에 가치가 있을 뿐 명품이라 부르지 않는다.

사람들은 어째서 명품을 그토록 좋아하는 것일까? 대개는 남에게 보이고 싶어서이다. 명품을 가지면 부유한 사람처럼 보인다. 이것은 참으로 허망한 일이 아닐 수 없다. 부자도 아닌데 남이 부자로 보면 어째서 그게 좋은 일인가? 그러면 무시받지 않기 때문이라고 어떤 사람은 말한다. 어떤 것이 무시인가? 부자이면 특별한 혜택이라도 받는다는 것인가?

　명품을 가지고 다니면 멋있어 보인다는 사람도 있다. 그러나 이는 대단한 착각이다. 대개는 비웃는다. 명품 자체는 가지고 싶을지 모르지만 그것을 가지고 다니는 사람이 존경스러워 보이지는 않는다. 어떤 사람은 빚을 내거나 무리를 해서라도 명품을 구입하는 데 이는 낭비일 뿐이다.

　물론 명품을 가질 만한 사람도 있다. 실제로 부자이면 명품을 가져도 된다. 그리고 또한 명품을 가져야만 하는 사람도 있다. 왕족이나 귀족은 권위를 위해서라도 명품이 필요할 것이다. 권위라는 것은 가치 있는 것이니 명품을 이용해서 그 권위를 높이면 나쁜 일은 아니다. 그렇다고 명품을 가지고 있지 않은 사람은 권위가 없다는 뜻은 아니다.

　명품 얘기는 이 정도면 됐다. 더욱 중요한 사항이 있다. 문제는 사람 자체가 명품이냐 아니냐이다. 여기서 물어보겠다. 명품을 가진 사람이 되고 싶은가, 자기 자신이 명품인 사람이 되고 싶은가. 당신이라면 어떤 선택을 하겠는가? 사람은 스스로가 명품이어야 한다. 자식도 명품으로 키워야 한다. 교육의 목표는 자식을 명품으로 만드는 데 있다.

자식을 명품으로 장식한다고 해서 명품이 되는 것은 절대 아니다. 소크라테스는 이렇게 말했다. "부귀영화를 누리고자 하는 마음만큼 자신의 지성을 길러라." 지성이 바로 명품이다. 사람은 자기 자신을 명품으로 만들 생각은 안 하고 세상의 물건만 가지려 한다. 자식을 키울 때는 이 점을 각별하게 유의해야 한다.

내 자식이 현재 호강하고 있는가는 중요하지 않다. 아이가 명품으로 자라고 있는가가 중요할 뿐이다. 어떻게 하면 자식을 명품으로 키울 수 있을까? 이는 육체에서 찾을 것이 아니라 정신세계에서 찾아야 한다. 아이가 비록 몸이 건강해도 정신세계가 빈약하다면 이 아이는 쓸모가 그리 크지 않을 것이다.

사람 자체를 명품으로 만드는 것은 운명을 명품(?)으로 만든다는 뜻이다. 방법은 무엇인가? 다이아몬드를 비유해서 얘기해보자. 다이아몬드는 첫째 그 자체의 무게가 중요하다. 둘째는 색깔이다. 셋째는 세공인데 이는 다이아몬드를 가다듬는 것을 말한다. 사람도 세 가지 사항이 있다.

첫째, 그 아이의 심량心量이다. 현재 지식이 얼마나 많으냐를 뜻하지 않는다. 지식을 담을 크기를 말하는 것으로 흔히 그릇에 비유된다.

둘째, 사람은 성품이 중요하다. 이는 다이아몬드의 색깔에 비유될 수 있다.

셋째, 사람의 경험이다. 고된 훈련이나 다양한 경험을 뜻한다. 이는 다이아몬드의 컷팅이다.

자식을 명품으로 만들기 위해서는 이 정도면 된다. 심량이란 것은 부모가 그저 보여주면 된다. 마음의 깊이를 말하는 것으로 부모의 마음이 깊으면 자식도 그렇게 된다. 어떤 것이 깊은 마음인가는 부모 자신이 생각해볼 일이다. 아이의 성품을 길러주고 싶다면 좋은 교육을 시키면 된다. 그것은 이 책에 다루고 있는 여러 가지 사항이다. 그것이면 된다.

고된 훈련과 다양한 경험에 대해서 조금만 얘기하겠다. 경험이란 살아가면서 저절로 생기는 것이니 여기서 따로 논할 필요는 없다. 단지 사람은 다양한 경험이 필요하다는 것만 얘기해두겠다. 그러나 훈련은 일부러 기회를 만들어줘야 한다.

학교공부도 훈련이라면 훈련이겠지만 그것은 조금 평범하다. 훈련이라면 좀 더 혹독해야 한다. 이를 통해 영혼은 좌절

하지 않는 힘을 얻게 된다. 이것이 바로 명품을 만드는 방법이다. 어떤 것이 있을까? 오늘날에는 각종 훈련이 제공되고 있다. 군대에서 직접 운영하는 훈련장도 있고 민간업체도 있다. 아이를 이런 곳에 보내 혹독한 훈련을 시킬 필요가 있다.

이런 훈련을 받은 아이와 그렇지 않은 아이는 큰 차이가 있다. 아이가 훈련을 통해 자신을 발견하게 될 수 있다. 방학 때를 이용해 훈련캠프에 보내는 것은 짧은 기간에 아이를 크게 기를 수 있는 비결이라 하겠다. 방학 중에 학원을 다니게 하는 것보다 백배 낫다.

❁ ❁ ❁

"진짜 명품 아이로 키우고 싶다면, 영혼을 쉬게 하라.
영어, 피아노, 태권도, 미술, 코딩 등 이것저것 배우느라
아이의 몸도 정신도 지치게 하지 말고,
아이의 영혼을 고요함 속에 쉬게 하라.
아이의 영혼을 재촉하면 부작용이 일어난다.
영혼이 걸어가는 속도는 아이 자신이 정하는 것이다."

과거를 알아야 미래 행운이 찾아온다

우리 모두에게는 고향이 있고 조상도 있다. 뭇 짐승들도 마찬가지일 것이다. 하지만 인간만이 이것을 생각하며 살아간다. 그래서 명절 때가 되면 끝없는 귀성행렬이 이어진다. 아름다운 일이다. 고향이 서울인 사람은 딱히 찾아갈 곳이 없어 아쉽지만 어린 날을 생각했다면 그곳이 바로 고향이다. 시간의 고향, 공간의 고향, 이 모든 곳이 고향이다. 그리고 우리는 이를 그리워하며 살아간다.

어떤 사람은 고향이 무슨 필요가 있느냐고 반문하기도 하는데 별로 좋은 사람이라는 생각이 들지 않는다. 우리 인간은 함께 살아가는 존재이고 미래뿐 아니라 과거도 생각하는 존재이다. 그런데 과거는 필요 없다고 말한다면 이는 의리가 없는 사람일 것이다. 인간의 의리라는 것은 과거에 대한 사랑에서 나온다. 의리가 없는 사람은 고향을 중히 여기지 않고 조상도 무시하고 효심도 없을 것이다.

어디 그뿐이랴! 애국심도 없을 것이다. 나는 고향이 서울이어서 명절에 갈 곳이 없지만 고향에 대한 추억도 있고 애국심도 있다. 과거를 생각하며 사는 것은 인간의 본능이고 영혼의 성품이기도 하다. 과거를 생각하며 산다는 것은 인간 특유의 문화이다. 간단히 말해 인간은 과거와 함께 살아가는 존재이다.

과거를 아예 모르는 사람은 과연 존재가치가 있다고 할 수 있을까. 그가 현재 우리와 함께 있다고 해도 내일이 되면 그 사람은 우리를 잊을 것이다. 얼마나 무서운 일인가! 이 사람은 필시 정이라는 것도 없고 추억도 없으며 은혜도 모를 것이다. 그런 사람이 우리 곁에 함께 살아간다고 해보자. 그를 믿고 함께 지낼 수 있을까? 사람이란 과거를 소중히 하면서 살아야 한다.

자식을 키운다고 해도 이 문제를 그냥 지나칠 수 없다. 아이가 커서 부모에게 "당신은 누구세요?"라고 할 수도 있다. 이런 사람은 모든 사람에게서 버림받을 수밖에 없다. 그와 함께하면 언제 배신당할지 모르기 때문에 미리 제거하려 들지도 모른다. 이 사람은 존중받지도 못하고 아예 인간 취급도 받지 못할 것이다. 과거를 모르고 산다는 그 자체만으로 인간의 모든 존재성이 상실될 수 있다. 단 한 가지 성품인데도 말이다.

하지만 인간은 뿌리가 있기 때문에 그 존재가 위대하다. 당장 살다가 없어지는 존재라면 위대할 리가 없다. 그리고 세상이란 것이 있을 필요가 있을까! 신조차도 인간이 그런 존재이기를 바라지 않을 것이다. 부모로서는 과거를 모르는 아이를 키운다는 것은 아무런 뜻도 없다. 그래서 자식교육에서 부모의 인간성이 중요한 법이다.

사람은 영구적인 존재여야 한다. 오늘과 내일이 이어지는 존재! 이로써 인간은 영원한 존재가 된다. 다행히 인간은 영원한 존재로 태어났지만 이러한 성품은 교육에 의해 더 강화될 수도 악화될 수도 있다. 이 넓은 세상에 막가는 사람을 보면 과거를 버리고 사는 사람이다. 자기가 누구인지 모르고 산다. 생각만 해도 끔찍하다. 어린 날부터 이 점을 생각하며 길러야 한다.

어려운 일은 아니다. 그런 습관을 만들어주면 된다. 명절에 고향을 찾아가는 일은 즐겁다. 추억이 존재하는 사람은 좋은 사람이다. 그래서 아이에게는 과거를 귀히 여기도록 교육해야 한다. 방법은 많다. 외국에 내보내 조국을 생각하게 한다거나 제사를 지낸다거나 명절에 모인다거나 옛날 사진을 간직한다거나 우리나라의 역사를 생각하게 해도 좋다.

고맙다는 말을 잘하는 아이로 키워야 한다. 은혜를 안다는 것은 바로 과거를 잊지 않는다는 뜻이다. 현재만 알고 미래만 생각하는 사람은 하늘도 잊어버릴 것이다. 아이에게는 미래 못지않게 과거도 중요한 법이다. 이런 성품을 길러주기 위해 유적지를 여행시킨다거나 역사유물관 등을 구경시키는 것도 좋다. 조상들의 얘기를 종종 해주고 아이들 자신의 어린 날도 상기시켜주면 좋다.

아이가 옛 동창생을 만나러 간다면 용돈을 두둑하게 주라. 아이들과 예전에 살던 곳도 찾아가 추억을 이야기해도 좋다. 시골에 고향이 있으면 당연히 찾아봐야 할 것이고 서울이 고향인 사람은 살던 곳이라도 찾아가면 된다. 특히 아이들이 살던 곳은 일부러 찾아가 식사라도 하고 오면 아주 좋다. "이 동네가 네가 어려서 태어나 살던 곳이야!" 이 말은 아이에게 뿌리를 생각하게 한다.

과거란 실은 미래를 만드는 원동력이 된다. 하늘을 나는 연을 보라. 높이 떠오른 연이 바람을 타고 날아간다. 잡고 있는 실이 없다면 이 연은 바로 떨어지고 말 것이다. 나무가 아무리 잘 자라도 뿌리가 약하면 오래가지 못하는 법이다. 과거란 인간존재의 뿌리이다. 앞서 신信이라는 덕을 얘기했는데 이는 다름 아닌 뿌리를 생각하는 마음이다.

조상의 유물을 소중히 여기게 하는 것은 뿌리를 알게 하는 교육이다. 기념품이란 것도 그렇다. 결혼반지를 소중히 하는 것도 그런 이유에서이다.

아이에게 과거를 기억하게 할 만한 뜻있는 선물을 사주라. 그리고 그것을 아이가 소중히 여기는지 보라. 만약 과거를 대수롭지 않게 여긴다면 필경 무서운 아이로 자랄 것이다. 운이란 과거에서 오는 법, 과거를 모르고 사는 아이에게 미래의 행운이 어찌 올 수 있겠는가?

❋ ❋ ❋

**"은혜를 알고 조상에게 감사함을
표할 줄 아는 아이에게 운이 찾아온다.
과거란 인간 존재의 뿌리이다.
과거를 대수롭지 않게 여겨서는 안 된다.
과거를 모르고 사는 아이에게는
미래의 운이 찾아오지 않는 법이다."**

알아야 운을 만들 수 있다

운명 개발에 대한 얘기를 듣다 보면 마치 인격 수양에 관한 내용으로 들릴 때가 많다. 이는 인격과 운명은 어느 정도 동행하는 경우가 많기 때문이다. 그러나 완전히 일치하는 것은 아니다. 그래서 착한 사람의 운명이 나쁠 수 있고 악한 사람도 운명이 좋을 수 있다.

그렇다면 인격이 정확히 운명에 어떻게 작용하는 것일까? 여기서는 그 점을 분명히 해두고 싶다. 인체의 예를 들어서 얘기해보자. 우리 몸에는 면역체계가 있는데 이는 우리가 병에 걸렸거나 우리 몸에 병균이 들어올 때 작용하는 힘이다. 면역력이 약한 사람은 좋은 약이 있어도 효과를 보지 못하는 경우가 있다.

면역력은 한마디로 자생력을 의미한다. 이것은 경찰과 같은 역할을 하는데 경찰이란 나쁜 일을 예방하는 사람이지 좋은 일을 만드는 존재는 아니다. 인격이 바로 그런 것이다. 인격이 높은 사람은 불운이 생기려 할 때 이를 방비하는 힘이 있고 나쁜 운이 들어섰을 때도 이를 쫓아내는 힘이 있다.

물론 인격은 종종 좋은 운을 끌어당기기도 한다. 하지만 인격이란 근원적으로 볼 때 다른 목적과 목표가 있다. 공자는 평생 인격 수양에 목표를 두고 살았는데, 이는 운을 개발하기 위함이 아니었다. 다만 공자는 인격 연마를 통해 불운을 확실히 막아냈다. 자동차로 말하면 인격은 브레이크와 같다. 자동차에 브레이크가 없다면 얼마나 위험한가? 인격도 없으면 매우 위험하다.

어린아이들에게는 인격이란 것이 없다. 그래서 위험에 자주 노출되는 법이다. 자라면서 좋은 인격을 갖추면 문제가 없는데, 제대로 갖추지 못하면 당장에라도 불운이 닥칠 수 있다.

우리의 영혼은 항상 나빠질 준비가 되어 있는 존재이다. 운명은 수시로 나빠질 수 있다. 우리 몸으로 말하면 몸 밖에 위험요소가 백만 가지 정도가 있는데 면역력은 16억 가지의 요소를 가지고 있다. 인격도 마찬가지이다. 이로 인해 불운이 생길 수 있는 길이 차단되므로 평상심을 유지할 수 있다.

영혼은 좋은 운도 수시로 생기려는 성질이 있는데, 먼저 나쁜 운을 다 막아낸다면 좋은 운은 저절로 발생할 수밖에 없다. 운을 만들어내기 위해서는 먼저 악운의 발생을 막아야 하며, 그 다음으로 좋은 운을 생각해야 한다. 특히 어린아이에게는 나쁜 운을 막는 것이 급선무이다. 좋은 운은 차차 커가면서 만들어가도 늦지 않다.

내친김에 인격에 대해 조금 더 얘기하자. 인격은 악운이 차단되는 역할을 한다. 따라서 반드시 알아두어야 한다. 그렇다면 영혼은 본시 착한 존재인가? 이 물음에서 시작하자. 영혼이 착한가 아닌가는 불운에 대한 위생이 얼마나 갖추어져 있는가를 묻는 것이나 다름없다.

영혼의 본성에 대해서는 유명한 성선설과 성악설이 있다. 이는 맹자와 순자가 제기한 것인데, 맹자는 인간의 본성이 착하다고 주장했다. 반면 순자는 인간의 본성이 악하다고 주장했다. 학자마다 의견은 다르다.

아이를 보면 처음부터 착하다고 볼 수 있는가? 만약 아이가 처음부터 착하게 태어났다면 가정교육이라는 것은 시킬 필요조차 없을 것이다. 순자는 현실적으로 성악설, 즉 아이가 악한 존재라고 얘기한다. 맞는 말이다. 아이는 차차 선해지는 것뿐이지 처음엔 철이 없고 모순투성이이다.

맹자의 주장은 인간은 노력에 의해 착해질 수 있다는 가능성을 말한 것에 지나지 않는다. 앞날에는 우주의 모든 영혼들이 착해질 수 있을지 모른다. 영혼은 처음부터 그런 힘이 있다. 그러나 이것을 보고 인간은 원래 착하다고 하면 뜻이 모호해진다. 차라리 인간은 착해질 수 있다고 말하는 편이 나을 것이다.

세상에서는 양심이라는 단어가 많이 사용되는데 이는 맹자의 성선설과 많이 닮아 있다. 그러나 의학자들이나 생물학자들이 면밀하게 인간을 조사해봤을 때 양심이란 것을 발견하지는 못했다. 나중에 밝혀졌지만 양심이란 사람이 사회의 일반적인 선행을 받아들이는 마음이다. 즉 인간은 누구나 사회가 만든 착한 규범을 지키고 산다는 뜻이다.

하지만 양심이 아예 존재하지 않는 인간도 있다. 소위 사이코패스라고 불리는 사람들이다. 이런 사람들은 유전적으로 선한 마음 자체가 없다. 사이코패스는 교육으로 개선시킬 수가 없다. 보통 아이들은 교육에 의한 개선의 여지가 있으니 착한 존재라고 부를 수 있다.

여기서 아이의 출생에서부터 사회에서 선행을 배워가는 과정을 보자. 아이를 교육시키고자 한다면 이를 반드시 알아야 한다. 아이가 어떤 존재인지 알고 나서 교육시켜야 한다는 뜻이다. 아이는 엄마 배 속에서 10개월을 지낸다. 이 세월에는 선과 악이 없으며 그저 행복할 뿐이다. 그러다가 마침내 출생이라는 과정을 거쳐 세상에 나온다.

이때 아이의 마음은 무엇일까? 결코 착한 존재라고 볼 수 없다. 아이는 아무것도 모른다. 아이는 배 속에서 엄마의 보호를 받다가 태어났다. 그러고는 그 보호가 이어진다. 아이가 고마워하는 것은 아니다. 그저 엄마라는 존재가 있어 자신을 보호하는구나 정도를 이해할 뿐이다. 배 속에서 나왔는데 엄마가 여전히 자기를 보호해준다니 다행인 것이지 고마운 것은 아니다.

처음에 아이는 사랑을 모른다. 아빠는 처음엔 수상쩍은 존재였다. 귀찮기도 하고 사랑을 방해하기까지 한다. 그러나 시간이 좀 지나면 아빠도 자기편임을 알게 된다. 이제부터 아이는 자기 세상 반, 부모 세상 반을 섞어 살아간다. 점점 아이는 부모가 자기를 사랑한다는 것을 알게 된다. 그러나 고맙다는 것은 아니고 그렇다는 것을 알 뿐이다.

아이는 부모가 자기를 사랑하는 것은 의무라고 생각한다. 아이는 부모가 자신에 대해 사랑을 게을리하는지를 감시(?)하고 확인한다. 그러나 아이는 부모가 자신을 오로지 사랑만 한다고 믿지 않는다. 때로는 사랑하지 않는다고 생각하기도 한다. 부모가 아이를 가르치려고 할 때 아이는 이를 미래를 위한 것으로 보지 않고, 자신을 미워하거나 미워하려고 교육시키는 것으로 오해하기도 한다.

'부모가 날 배신했어. 사랑할 생각은 안 하고 가르치기만 한단 말이야!'

아이는 이런 생각을 한다. 물론 아주 순종적인 아이도 있기는 하다. 그러나 모든 아이가 부모 말을 척척 듣는 것은 아니다. 영혼은 본래 반발하고 의심이 많은 존재이다. 특히 어린 영혼은 더욱 그렇다. 자신은 약하고 주변의 도움(사랑)이 완전한지는 확인하지 않았기 때문이다.

무엇보다도 공부와 순종을 왜 해야 하는지 모른다. 이것이 바로 아이라는 존재이다. 아이는 교육을 사랑의 적이라고 간주한다. 그래서 여러 차례 가르치려고 하면 아이는 부모를 의심하기 시작한다.

'음, 나를 사랑하지 않는구나!'

이런 식이다. 아이를 가르치고 키우는 일은 참으로 힘들다. 아이의 속성을 알고 가르치는 게 중요하다. 아이가 사춘기에 이르면 더욱 혼란스러워진다. 이때 아이의 정신은 아인슈타인 머리의 300배 정도로 복잡해지는데 대부분 반발과 의심으로 차 있다. 어린 영혼은 오해투성이다. 커 가며 사랑을 조금씩 믿기는 하지만 가르치려고 하면 화를 낸다.

나를 무시하는구나, 나를 바보로 아는구나, 다 아는데 왜 자꾸 얘기하지? 아이가 부모의 마음을 완전히 이해하고 사회를 이해하기란 그리 쉬운 일이 아니다. 그렇기만 하다면 아이는 부모에게 순종하고 알아서 공부하며 쑥쑥 잘 크게 된다. 하지만 아이는 식물처럼 물만 주면 자라나는 존재가 아니다. 종종 반발하고 의심하고 비뚤어지는 존재이다.

이 모든 것을 알고 가르침에 임해야 한다. 어른은 아이가 자신의 마음을 몰라준다고 한탄하지만 실은 아이도 부모가 자신의 마음을 몰라준다고 화를 낸다. 세계적으로 유명한 소설 《어린 왕자》는 이 점을 주목하고 있다. 어른은 아이들을 잘 모른다는 것이다. 《철없는 부모》라는 책이 나올 정도이다.

교육의 성공은 사랑만으로 되지 않는 법이다. 아이의 속성을 충분히 이해하고 적절히 대처해야 한다. 부모는 아이의 마음을 파악하는 데 주력해야 한다. 아이는 이래야 한다는 생각을 하기보다는 아이가 이래 줬으면 좋겠다는 생각을 해야 한다.

❀ ❀ ❀

**"무작정 사랑만 하면 아이는 사랑에 중독될 뿐 빗나간다.
사랑도 적절해야 한다. 이를 중용이라고 한다.
공자는 '칼날 위에 설 수는 있어도
중용에 능하기는 어렵다'고 말했다.
아이가 어려운 존재라는 것을 알면 아이를 키우는 일이
조금씩 쉬워지는 법이니 너무 걱정하지 말라."**

아이의 운을 다스리는 지혜

아이가 부모의 사랑을 알고 고마워하기 시작하는 시기는 20세 무렵부터이다. 아이의 깨달음이 더욱 확실해지려면 아이 스스로가 부모가 되어봐야 한다. 자식을 키워봐야 비로소 자신의 부모가 자기를 얼마나 사랑했는지 알고 후회하고 미안해하고 효도라는 것을 생각하게 된다.

그러나 이는 먼 훗날의 얘기일 뿐이다. 당장 아이가 빗나가고 있다. 툭하면 화를 내고 대들고 부모 말을 안 듣고 공부도 안 하고 매사에 부정적이다. 큰일 났다. 이럴 때는 부모의 태도가 어때야 하는가? 이때 제대로 대처하지 못하면 아이는 크게 잘못될 수도 있다. 아이들은 종종 이런 행동을 한다. 이때 잘 대처하는 것은 부모의 지혜이다. 아이를 키울 때 사랑만이 능사가 아니다. 때로는 지혜가 있어야 하는 법이다.

우선 아이가 화를 낸다고 해보자. 이때 부모는 아이를 무서워해야 한다. 인간이 화를 내는 이유는 상대방을 무섭게 하기 위함이고 자신은 크게 싸울 준비를 하고 있는 것이다. 이때는 예봉銳鋒을 피해야 한다. 부모가 자존심을 걸고 싸울 일이 아니다.

아이가 부모에게 화를 냈을 때 무서워하는 것은(무서워해주는 것은) 아이를 존중하는 행위이다. 아이는 이것을 바란다. 아이의 감정이 잘못된 것일지라도 이 순간은 져야 한다. 져준다고 아이가 잘못되지는 않는다. 오히려 부모의 사랑을 깨닫게 된다.

아이는 부모가 자신의 감정을 이해하고 져주면 승승장구하며 오만해지지 않는다. 아이 자신도 조심스러워한다. '내가 너무한 거 아니야?' 하고 반성도 한다. '우리 부모님은 왜 이리 착하지?' 이런 생각을 하면서 부모를 불쌍하게 여기기도 한다. 아이가 화를 낼 때야말로 교육의 기회인 것이다. 아이의 분노를 미소로 달래는 것도 좋다.

"얘야, 알았어. 별일 아니니 화내지 마. 네가 하자는 대로 할게."

이렇게 하면 효과는 더욱 커진다. 아이가 버릇이 나빠질 것을 걱정하지 않아도 된다. 인간의 본성은 그렇게 변하는 게 아니다. 부모가 져주면 오히려 '저러다 나를 사랑하는 것을 포기하는거 아냐?' 하고 걱정까지 하게 된다.

그러나 부모가 아이와 함께 화를 내면 이때는 아이가 화낸 행동을 후회하는 게 아니라 반대로 종종 화를 더 내야겠다는 결심을 하게 된다. 이때가 바로 잠시나마 부모를 배신하는 순간이다. 이것이 빈번해지면 아이는 비로소 부모를 무시하는 아이로 자라게 된다. 아이가 화를 내면 절대로 맞받아치지 말라.

그렇다면 아이가 대들 때는 어떻게 해야 하는가? 이때는 돌연 모든 동작을 그만해야 한다. 마치 온 세상이 정지한 것처럼 말이다. 아이에게는 실망하는 표정을 지어야 한다. 아이가 한 번 대드는 것은 이미 단단히 준비해온 것이고 앞으로도 대들 각오가 되어 있다는 뜻이다. 부모가 이때 엄하게 꾸짖으면 오히려 아이는 각오를 더 다지고 부모를 아예 버릴 준비마저 하게 될 수도 있다. 아이가 대드는 것은 아주 큰일이다. 이를 제대로 대처하지 않으면 아이의 미래가 망가진다. 가르치려 하지 말고 슬퍼해야 한다. 눈물을 흘려도 된다. 절대 아무 말도 하지 말라.

영혼이 무서워하는 것은 침묵이다. 부모의 침묵은 더욱 무서운 법이다. 아이가 대들고 나서 며칠이 지나도 침묵을 유지해야 한다. 몸이 아프다며 누워도 된다. 그러나 이때 아이에게 말을 걸면 안 된다. 우울한 표정, 실망한 표정, 슬픈 표정을 계속 지어야 한다.

아이가 대들 때는 부모와 위험한 대결을 하는 것이다. 이때 맞받아치면 아이가 승리하는 것이고 아이는 또다시 대들게 되고 그 행동이 아예 고착되게 된다. 아이가 크게 잘못되는 건 아닐까 걱정하는데, 절대 잘못되지 않는다. 이미 부모는 약한 모습을 보이지 않았던가!

부모가 약하면 아이는 대들 곳을 잃는 법이다. 이때는 아이의 영혼 자체가 잠시 방향을 잃게 된다. 더 이상 대들 궁리를 하지 않게 된다. 미안하기도 하고 하늘이 무섭기도 할 것이다. 부모가 불쌍하기도 할 것이다.

만약 아이가 빈둥빈둥 놀고 밖에 나가 늦게 들어오고 모든 것을 포기한 듯 막나갈 때는 어떻게 해야 하는가?

이때 또한 교육의 기회이다. 아이에게 잔소리를 하지 않는 것은 물론이고 오히려 선물을 줘야 한다. 좋은 옷을 입히거나 집에 있을 때 맛있는 것을 더 사줘야 한다. 부모들은 기쁘고 편안한 모습을 보여줘야 한다. 이는 마치 아이에게 "네 일은 네가 알아서 해. 이제부터 부모는 일체 참견하지 않을 거야. 속 편안하게 잘 되었지 뭐야!"라고 결심을 보여주는 것이 된다.

진짜로 내버려두라. 조만간 아이는 자신의 미래를 불안하게 생각하게 될 것이다. '부모마저 저토록 태만하니 내 장래는 내가 챙겨야 하는 것 아니야?' 하고 속으로 생각하게 된다.

아이는 약하고 어리석을 뿐 착한 존재라고 생각해서는 안 된다. 착해지는 것은 먼 훗날이다. 지금은 교육을 시켜야 하는 바, 교육은 지혜로워야 한다. 무작정 아이에게 달려들어 이기려 하면 오히려 지게 된다.

❂ ❂ ❂

**"약한 것이 강한 것을 제압한다.
아이를 다스리는 데는 싸움의 비결이 필요하다.
아이를 키우는 일은 쉽지 않다.
아이가 비뚤어지는 것은 위기이다.
이때는 조용한 지혜가 필요하다."**

부모와 아이가
함께 만들어가는 운

공자는 사람을 교육함에 있어 제일 먼저 함께 있는 법을 가르쳤다.
삶의 가치는 함께 가는 데에 있다.
운명이란 것도 이런 가운데 서서히 만들어진다.

2
장

운은 혼자 만드는 게 아니다

학교교육이란 대학에 들어가서부터 본격적으로 시작된다. 그 전에는 대학에 들어가기 위한 필사적인 준비작업에 지나지 않는다. 대학 입시 위주의 교육으로는 인격을 배우기 어렵다. 예전에는 서당이란 곳이 있어서 학식과 인격을 함께 가르쳤다. 이 서당문화가 없어진 것은 몹시 아쉬운 일이다. 오늘날 학교에서 가르치지 않는 인격은 가정에서 부모의 몫이 되었다.

인격이란 남과 훌륭하게 어울리는 것으로서 운도 여기에서 나온다. 무인도에서 혼자 살아간다면 딱히 운이 필요 없다. 인생은 남과 함께 살아가야 진정한 의미가 있는 법이다. 인간은 짐승도 아니고 나무도 아니다. 인간은 함께 살아야 선악이 있고 발전도 있고 운명도 있다. 오늘날의 사회는 좋든 싫든 모여 살기 때문에 존재에도 뜻이 있다.

이 장의 주제는 '함께 살기'이다. 이는 매우 중요한데 운명의 직접적인 발생도 이것에 있기 때문이다. 혹자는 말한다. 공부만 잘하면 된다. 이는 그렇지 않다. 공부만 잘한다고 운명이 좋아지는 것은 아니다. 오늘날 공부라고 하면 단순히 살아가는 기술일 뿐이지 이로써 운을 좋게 할 수는 없다. 그래서 반드시 또 다른 공부가 필요하다.

세상은 옳고 그른 도리가 있고 이익의 원리가 있다. 그리고 함께 사는 방법이 있다. 함께 사는 방법이란 운을 좋게 하는 방법이라고 불러도 좋다. 함께 사는 방법을 모르면 운도 나빠지기 때문이다. 이런 것을 어떻게 배워야 할 것인가! 부모는 이 방법을 가르쳐야 한다.

삶의 한 단편을 보자. 어떤 아이는 부모가 스포츠중계를 보고 있을 때 자기 방으로 쏙 들어가 버린다. 이는 좋지 않다. 함께 하는 것, 즉 사람들과 어울리는 법은 생활 속에서 암암리에 배워야 한다. 그래서 아이들은 가능한 한 어울리게 해야 한다. 음식을 먹을 때도 자기 방에 들어가 혼자 먹게 해서는 안 된다.

자유도 좋지만 어울리는 것이 더 중요하다. 가족이 둘러앉아 한가롭게 대화를 나누는 것은 매우 중요하다. 함께 외식을 하는 것도 좋다. 캠핑을 가서 함께 텐트를 치고 요리를 해서 먹으며 이야기를 나누는 시간을 갖는 것도 좋은 방법이다. 가족이 모여서 TV를 보는 것은 좋은 일이지만, 뉴스나 스포츠 중계, 혹은 역사 드라마 등 여러 프로그램을 봐야지 하루 종일 오락 프로그램만 본다면, 이는 아이들의 장래에 별로 도움이 되지 않는다.

사람과 함께 지내는 것을 배우지 못하면 운은 점점 나빠지게 되는 법이다. 학교 생활을 하는 것도 지식만이 아니라 친구들과 어울리는 법을 배우기 위함이다. 부모는 이 점에 각별히 유의해야 한다. 자녀와 함께하는 시간을 자주 만들어야 한다.

더 좋은 효과를 내려면 대화에 참여시켜야 한다. 함께 TV를 보고 밥을 먹는다고 다가 아니다. 그 자리에서 자기 자신을 나타내는 법도 가르쳐야 한다. 이는 세상의 많은 공부들 못지않게 필요한 공부이다.

오늘날 과학자들은 이 점에 대해 연구를 하고 있는 중이다. 소위 대화 과정을 연구하는 것인데 여기에서 인간의 사회적 태도를 배울 수 있다.

과학자들은 언젠가부터 이 일이 중요하다는 것을 감지했다. 하지만 우리의 조상들은 가정교육을 통해서 이미 실행해왔다.

가정교육이란 특별히 어떤 지식을 배우는 것이 중요한 게 아니다. 그저 모여서 어울리는 법을 익히면 된다. 어른이 아이들과 자주 함께 있어야 하는 이유도 이것이다. 함께 여행하거나 무엇인가 함께하는 것 등은 모두 좋은 일이다. 멀리 떨어져 있으면 이런 것을 배울 수가 없다. 그래서 멀리 있는 자식이라도 종종 불러서 함께해야 한다. 함께 얼굴을 보는 것만으로도 훌륭한 교육이 된다.

꼭 이유가 있어야 만나는 게 아니다. 만남 그 자체가 바로 이유이다. 아이를 혼자 내버려두는 것은 독립심을 키워주는 데 도움이 되는 일임에 분명하지만 너무 혼자 내버려두면 비인격체로 자랄 수 있다. 운이 나빠지는 것은 물론이다. 사람은 함께 있을 때 액운이 제거되는 법이고 함께 있으면 좋은 운도 잘 생긴다.

서로 기운을 주고받기 때문이며 사람이 모인 힘 그 자체 때문에 액운도 사라진다. 그렇다고 온종일 함께 있으라는 뜻은 아니다. 너무 혼자만 있지는 말라는 뜻이다. 오늘날 세상은 바쁘게 돌아가고 있다. 아빠는 돈을 버느라 바쁘고 아이들은 입시공부에 바쁘고 엄마는 일도 하고 가정살림도 하느라 바

쁘다. 하지만 이유를 달지 말고 어떻게 해서든지 함께 있는
시간을 만들어야 한다.

❀ ❀ ❀

**"공자는 사람을 교육함에 있어
제일 먼저 함께 있는 법을 가르쳤다.
삶의 가치는 함께 가는 데에 있다.
운명이란 것도 이런 가운데 서서히 만들어진다."**

너 커서 뭐가 될래?

자공이 어느 날 공자에게 물었다.

"가난하면서도 아첨하지 않고 부자이면서도 오만하지 않다면 어
떻겠습니까貧而不諂 富而不驕 何如?"

공자는 제자의 물음에 자세하게 대답해주었다.

"그것은 좋다. 그러나 가난하면서도 그중에 즐거움을 찾고, 부자이
면서도 예의를 좋아함만 못하다可也 未若貧而樂 富而好禮者也."

예의란 무엇인가? 사람을 사랑하고 문화를 사랑하는 마음

을 일컫는다. 흔히 격식만 갖추면 예의라고 생각하는데, 오만으로 가득 차 있다면 예의라고 할 수 없다. 예의란 사랑과 겸손을 바탕으로 한다. 자신을 자랑하기 위한 행동이라면 무례한 짓이며 남을 경시하는 태도이다. 흔히 '너 까짓것 상대 안하겠다'는 식으로 일부러 위엄을 보이며 사람을 피하는 태도는 오만의 극치이다.

예의란 상대에게 맞는 태도를 취하는 것이다. '과공비례過恭非禮'라는 말도 있지 않은가. 아랫사람에게 자신을 지나치게 낮추는 것은 오히려 남을 비웃는 행동이라는 뜻이다. 또한 윗사람에게 지나치게 폼(?)을 잡으면 이는 무례한 짓으로 깔보는 행위와도 같다.

예의란 진정한 겸손이고 사랑이고 문화이고 품격이다. 부자이면 세상을 다 가졌다는 듯이 세상과 어울리는 법도 모르고 자기 마음대로 한다면 죄악을 짓는 것과 같다. 부자가 된 다음에는 더욱더 인생이 무엇인지를 생각하고 공부에 매진해야한다. 그중에서도 예의는 출발을 뜻한다. 부자라고 해서 하늘조차 경시하는 태도라면 반드시 재앙을 맞을 것이다.

부자가 되면 이제 본격적으로 해야 할 일을 생각해야 한다. 그것이 바로 하늘에 대한 예의이다. 멋모르고 풍족함만을 즐기는 것은 부자의 본질을 몰라서 하는 행동이다. 하늘은 인간에게 부를 가져다주고는 그의 행동을 지켜본다.

어떻게 살아가야 할 것인가? 이것이 부자의 본분이다. 그동안은 돈을 벌기 위해 무던히 애를 썼다면, 부자가 된 이후에는 인생에서 진정으로 해야 할 일을 찾아야 한다. "물질적 풍족이면 된다"고 말한다면 삶의 진정한 의미를 모르는 인생이다.

부자는 가난한 사람보다 하늘에 대한 의무가 더 많은 법이다. 그동안은 하늘이 보살펴주었지만 이제부터는 하늘이 원하는 일을 해야 한다. 부유한 집안의 자식들은 흔히 삶의 기쁨을 소비에서 찾는다. 이는 할 일 없이 사는 것과 같다. 풍족한 만큼 하늘을 두려워하고 사람을 중시해야 하며 삶의 발전이란 진정 무엇인지를 생각해야 한다.

나는 어려서 이런 생각을 해본 적이 있었다. 부자가 되면 그 다음엔 무엇을 해야 할 것인가? 지금도 그 생각은 계속하고 있다.

여기서 생각해보자. 공자는 가난 속에서도 만족을 찾아야 한다고 가르쳤다. 아무리 가난해도 그중에 다행한 것이 있다는 뜻이다. 부자가 되는 것은 좋다. 현재 부자가 아니라도 인간의 할 일은 계속해야 한다. 가난한 사람은 "그래도 이만하면 다행이다, 나보다 못한 사람도 있지 않은가" 하고 생각해야 하고, 부자이면 이제부터 무엇을 해야 하는가를 진지하게 자문

해야 한다.

어느 날 사람들이 공자를 보러 나왔는데, 그 모습을 보고 공자가 제자에게 말했다. "사람이 많이 모였구나." 그러자 제자가 물었다. "사람이 모이면 무엇을 해야 합니까?" 공자가 대답했다. "그들을 배불리 먹여야 할 것이다." 이에 제자가 다시 물었다. "그런 연후에는 무엇을 해야 합니까?" 공자는 대답했다. "가르쳐야 할 것이다." 인생의 목표는 가르침이다.

돈은 인생의 목표가 될 수 없다. 비록 가난하다 해도 당당하게 인생의 최고 가치를 추구해야 한다. 부자만이 인생의 최고가 되는 것은 아니다. 부자이거나 가난한 사람이거나 인생의 가치는 동일하다. 아이들에게도 부자가 되기 위해서만 살라고 하면 안 된다. 또한 가난하다고 해서 항상 불평만 해서도 안 된다. 오히려 가난할 때 인생의 최고 가치를 생각하며 노력해야 할 것이며, 부자가 되면 무슨 일을 하겠다는 것을 생각해 둬야 한다.

아이에게 이렇게 묻는 것이 좋다. "너 부자가 된 다음엔 무엇을 할래?" 이는 인생이 무엇인지를 아이에게 가르치는 질문이다. 아이가 가난을 너무 탓하면 "네 힘으로 부자가 되는 방법을 찾아보자"라고 가르치라. 이는 아이에게 현재 할 일을 찾아주는 것이다.

어른은 아이에게 최선을 다하는 모습을 보여야 하며, 검소하게 사는 법을 보여줘야 한다. 좋은 물건을 많이 사준다고 아이를 잘 키우는 것은 절대 아니다. 오히려 필요 없는 물건에 관심을 갖지 않도록 지도해야 한다.

어떤 아이들은 항상 좋은 물건에 대해 얘기한다. "유명 메이커의 제품을 가지고 다녀", "아주 좋은 차를 몰고 다녀", "으리으리한 집에서 산단 말이야", "고급 옷을 입고 다닌다고" 등. 이래서는 안 된다. 아이의 관심이 오로지 물질이면 이는 잘못이다.

세상에는 부러워할 것이 참으로 많다. "그는 훌륭한 가수다." "그는 훌륭한 축구선수다." "그는 히말라야를 등반했어." "그는 위험을 무릅쓰고 사람을 구했어." "그는 겸손하고 공부도 잘하고 멋있어!" 이런 식이 되어야 한다. 아이의 관심을 보면 장래가 보이는 법이다. 잘될 나무는 그 싹을 보면 안다는 얘기도 있는데 아이의 주된 관심사는 미래를 결정하는 요인이 된다.

"너 커서 뭐가 될래?" 하는 질문을 종종 해야 한다. 또는 "너는 지금 아쉬운 게 뭐니?"라고 묻기도 해야 한다. 이로써 아이의 정신상태를 알게 된다. 인간은 무엇보다도 정신상태가 중요한 법이다. 부모는 아이가 어디로 향하는지 항상 관찰해야 한다.

"꿈이 뭐냐고 아이들에게 물으면
종종 부자가 되는 게 꿈이라고 말한다.
그러면 부자가 되면 뭘 해야 할까?
여기서 중요한 것은 부자가 되는 것이 아니라,
부자가 된 이후 어떻게 살아갈 것인가이다.
아이에게 진짜 부자가 되는 법을 가르치라."

아이와 눈을 맞추고 대화하기

어느 식당에서 본 광경이다. 건너편에 부모와 중학생 여자아이가 음식을 시켜놓고 기다리는 중이다. 나는 세 사람이 얘기하는 것을 우연히 듣게 되었다. 딸이 무슨 말인가를 시작하려고 하는데, 엄마가 일부러 고개를 돌려 딴 곳을 보는 것이 아닌가. '네 말은 듣지 않겠어!'라는 메시지를 담은 행동이었다.

딸이 "엄마, 엄마, 나 어제 꿈을 꿨는데…" 하며 대화를 시작했다.

이때 엄마가 "아, 그만 됐어!" 하며 버럭 소리를 질렀다.

딸이 다시 말한다.

"엄마, 사람이 얘기하면 들어야지 왜 말을 막아?"

이때 엄마가 다시 한마디 한다.

"너 꿈 얘기 좀 그만해. 일 년 내내 꿈 얘기만 하니 지겹다고. 아이참…."

엄마는 얼굴을 아예 다른 곳으로 돌리고 말했다. 아이 얼굴은 절대 쳐다보지도 않았다. 딸도 화가 났는지 엄마를 향해 삿대질까지 하며 말을 했다.

"나 원 참. 김새네. 엄마가 언제 내 말을 들어줬어?"

엄마는 또 말한다.

"뭐 김샌다고? 너 엄마한테 그게 무슨 말투니? 네가 매일 꿈 얘기만 하니까 그렇지, 내가 살 수가 없다."

이번에는 딸이 아빠를 보고 재미난 얘기를 들려주겠다며 말을 걸었다.

"아빠. 어제 말이야…."

아빠는 아이가 얘기를 시작하자 엄마와 마찬가지로 즉시 고개를 다른 곳으로 돌리고 하품하는 척했다. 그러자 딸아이가 삿대질하면서 언성을 높였다.

"아이 재수 없어! 사람이 얘기하면 들어야지! 둘 다 하는 짓이 왜 이런지 모르겠어. 에이 입맛 떨어져."

그러고는 엄마와 아빠를 빤히 쳐다보고만 있었다.

이것은 실화다. 나는 이 광경을 보며 '이 집안은 망해가는구나!' 하고 생각했다.

아이의 행동 그리고 부모의 행동은 하루아침에 만들어지는
게 아니다. 부모가 먼저였는지, 자녀가 먼저였는지는 모르겠
지만, 부모자식간에 정상적인 대화가 없어진 지 오래된 가족
임에 분명하다. 아이는 대놓고 무례한 행동을 했으며, 부모는
체념하고 아이의 말을 무시하고 있었다. 이후 식사를 하면서
도 간간이 대화가 이어졌지만, 아이는 계속 삿대질과 김샌다
는 말을 반복했고 부모는 다른 곳을 보다가 가끔 눈을 마주치
며 대화를 이어갈 뿐이었다.

부부 사이는 원만해 보였다. 단지 아이와 부모 사이가 파탄
이 나 있었다. 이 아이의 장래는 어떻게 될까? 보지 않아도 뻔
하다. 이처럼 부모에게 노골적으로 거부당한 아이가 잘될 리
없기 때문이다. 진학은 물론 운명도 나빠질 게 불 보듯 뻔하
다. 다음 단계는 아이가 병을 얻는 식으로 진행될 것이다. 이
가족은 이미 수습이 불가능했다. 오래전 아이는 부모가 자신
의 말을 들어주지 않자 말이 더 많아진 것이리라. 부모 입장에
서는 아이가 시답잖은 얘기만 해대니 실망했을 것이다.

이것이 문제다. 아이가 얘기하면 어른은 반드시 얼굴을 보
며 들어야 한다. 아이가 같은 얘기만 계속하면 "그 얘기는 그
만하고, 우리 다른 이야기해볼까" 하며 다정하게 말해주어야
한다. 아이는 언젠가부터 부모에게 불만이 있었을 것이다. 전

문가들의 견해에 의하면 아이가 부모를 자기편으로 여기지 않을 때 이런 행동을 한다고 한다. 아이는 부모가 자기를 사랑하는지 수시로 확인하고 싶어 한다. 부모 입장에서는 아이가 좀 똑똑하기를 바랄 것이다. 딱히 누구의 잘못으로 시작되었는지는 알 수 없지만 일단은 부모의 잘못이라고 봐야 할 것이다. 부모는 인생을 알고 아이는 모르기 때문이다.

아이가 항상 시시한 얘기를 하면 기분 좋게 타이르면 된다. 몇 번이고 시도해야 한다. "넌 똑똑해. 그러니 좀 더 근사한 얘기를 해봐." "엄마와 아빠는 너를 사랑한단다. 너도 그렇지?" 이런 식이어야 한다.

그리고 아이가 말을 하면 들어주어야 한다. 혹여 듣지 못했다면 "미안해, 잘 못 들었어. 다시 얘기해봐" 하고 되물어야 한다. 이런 식이면 아이는 충분히 고칠 수 있다.

❀ ❀ ❀

"왜 아이는 쓸데없는 이야기를 계속할까?
사람은 말을 많이 하게 되면 점점 필요 없는 말을 하게 된다.
부모가 말이 많으면 아이도 말이 많다.
그리고 신중하게 말을 골라 하는 부모 밑에서 자란 아이는
말도 신중하게 할 말만 한다.
너무 말이 많고 시끄러우면 좋은 운이 사라진다."

돈의 상속과 운의 상속은 다르다

스위스의 수학자이자 과학자인 베르누이의 가문은 몇 대에 걸쳐 사회적으로 유명하고 유익한 인재를 많이 배출하였다.

반면 어떤 가문은 몇 대에 걸쳐 범죄자를 배출했다. 그들이 저지른 범죄로 인한 사회적 피해 규모가 한 도시의 1년 예산과 맞먹을 정도였다고 한다. 두 집안을 비교한 연구는 인간에게 성품을 가르는 유전자가 따로 있다는 것을 증명하기 위해 시행되었다. 요즘 말로 유전자가 나쁜 가문이 있다는 뜻이다.

하지만 이는 오로지 유전자에 의한 결과로 보기는 어렵다. 유전자란 정해진 존재가 아니기 때문이다. 이들 가문은 사실 오랜 세월 동안 다른 결과가 나오도록 교육을 해왔다. 운명이란 유전되는 것이 아니다. 한 사람의 운명은 종합적인 것이다.

비록 나쁜 유전자(?)라 할지라도 딱히 그런 이유와 만나지 않는 한 발현되지 않는 법이다. 이들은 더 말할 것도 없이 잘못된 교육이 대물림됐던 것뿐이다.

이런 교육은 사회나 학교에서 이루어질 리 만무하다. 필경 가정에서 이뤄졌을 것이다. 가문의 특성은 쉽게 이어가는 것이기 때문에 얼마든지 이런 일이 발생할 수 있다. 이런 일들은 깊은 연구가 아니어도 쉽게 알 수 있다. 우리 주변에 얼마든지 있기 때문이다. 흔히 조상 때부터 그랬던 것이고 운명도 매우 나쁜 가문이 있다.

좋은 가정교육이 수백 년씩 이어지며 좋은 운을 만든 가문도 있다. 내가 만난 가문만 해도 상당히 많다. 처음엔 이들이 하늘로부터 선택된 존재인가도 생각해봤지만 실은 가정교육 덕분이었다. 세상에는 많은 훌륭한 가족들이 있다. 성공한 가족들은 가문에 특별한 전통이 있으며 가문의 특성이 좋은 운명을 만들어낸다. 그래서 가정교육을 단순히 술렁술렁 넘겨서는 안 된다. 오히려 학교교육보다 더욱 정성스럽게 이루어져야 한다.

흔히 돈 많은 사람들은 부모를 잘 만나서 상속받은 게 많아서라고 한다. 하지만 결코 그렇지 않다. 가난한 집안에서도 부자가 되고 부잣집 자녀가 망한 경우도 아주 많다. 물론 부모가 부자이면 인생에 유리한 점도 있을 것이다. 하지만 돈의 상속과 운의 상속은 아주 다른 문제이다. 괜히 조상 탓만 하지 말고 지금부터라도 자식이 좋은 운명을 갖도록 힘써야 한다.

나는 주변에서 나쁜 부모 때문에 자식이 망해가는 경우를 많이 봐왔다. 반면 어떤 훌륭한 아이를 보고 그 부모를 봤을 때 과연 그럴 만하다고 느낀 적도 많았다. 부모의 품성은 자식에게 거의 모두 전수되는 법이다. 그런데 자식을 잘 먹이고 잘 입히고 좋은 학교를 보내면 된다는 사람들이 많다. 이는 잘 키우는 것이 아니다. 중요한 것은 품성이다. 공자가 사람을 가르칠 때 역점을 두었던 것도 바로 이것이다.

교육이란 바로 품성을 말한다. 부유한 환경은 좋다. 하지만 풍요로움이 크게 작용하는 것은 아니다. 부모의 품성이 더욱 중요한 법이다. 자식에게 충분히 못해줘서 괴로워하는 것은 이해하지만 그렇다고 자책할 필요는 없다. 정작 걱정해야 할 것은 자식의 품성이 나쁘게 되어가는 일이다. 품성이 좋은 아이로 키우는 것은 학교교육처럼 대놓고 가르치는 것이 아니다. 평생교육은 천천히 보이지 않는 가운데 지속되어야 이룰 수 있다.

새삼 강조하는 바이지만 아이들의 품성 교육은 매우 중요하다. 그래서 내 자식이 어떤 아이인지 어려서부터 잘 살펴봐야한다. 사랑스럽다고 아이가 무조건 잘 자라고 있다고 생각하면 안 된다. 세심히 살펴볼 것은 내면세계이다. 아이가 근면한가? 오만한가? 사람을 무시하는가? 잘난 척하는가? 말이 많은가? 인내심은 있는가? 비겁한가? 긍정적인가? 남에게 선물은주는가? 필요 없이 실실 웃지는 않는가? 잔재주를 자랑하지않는가? 신용은 있는가? 예의가 바른가? 등 오로지 인격을 살펴야 한다.

그리하여 나쁜 점이 있다면 대책을 세워야 함은 물론이다.설사 가난하여 아이가 굶는다 하더라도 좋은 품성만은 지켜주어야 한다. 아이가 나쁜 성품이라면 몸이 아픈 것보다 심각하다. 그렇다고 급하게 교육해서는 절대 안 된다. 아이가 반발하여 더 빨리 나빠지기 때문이다.

✵ ✵ ✵

"부모의 품성은 자식에게 상속된다.
요즘 부모들은 품성을 중요시 여기지 않고 잘 먹이고
잘 입히고 좋은 학교에 보내면 그만이라는 식이다.
공자도 이 품성이라는 것을 중요시했다."

가르칠 때와 안 가르칠 때

C는 아주 부자는 아니지만 풍족한 편이었다. 사업은 잘되고 가족 모두 건강했다. 겉보기에는 행복한 가족의 모습이었지만 한 가지 문제가 있었다. 아이들이 부모의 말을 잘 듣지 않는 데다가 공부도 못하는 게 아닌가. 아니 공부할 생각을 아예 안 했다. 날이 갈수록 부모에게 대들고 심지어 종종 외박까지 하곤 했다. 자식 세 명이 다 그 모양이었다.

부모는 달래도 보고 호통도 쳐봤지만 소용이 없었다. 아이들의 심성이 다 파괴되고 가정도 파탄이 날 지경이었다. C는 내게 도움을 요청했고 나는 여러 차례 그 집을 방문하여 자녀들을 살펴보았다. 고등학생이 한 명, 대학생이 두 명이었는데, 과연 C의 말대로 엉망진창이었다.

자식 문제로 골머리를 앓느라 C도 그의 부인도 정신 상태가 말이 아니었다. 누가 봐도 그 집안은 망해가고 있었다. C의 집을 10여 차례 정도 방문해서 무엇이 문제인지 관찰해봤다. C의 자녀들이 전혀 눈치채지 못하게 업무를 빙자해서 방문했다. 그러던 중 원인을 발견했다. 아주 중요한 내용이므로 내가 목격한 그대로 소개하고자 한다.

C와 그의 부인은 성품이 착하고 근면하며, 사회적인 평판도 좋은 사람이었다. 주변 사람들로부터 칭찬이 자자하며 무슨 일이든 모범을 보였다. 그런데 이런 부모 밑의 아이들에게 왜 문제가 있는 걸까?

큰애가 외출했다가 집 안에 들어서자 부모는 말한다. "얘, 밖에 나갔다 오면 꼭 손을 씻어야 해."

집 안에 있던 고등학생한테 말한다. "너 숙제는 했니?"

콜라를 마시는 둘째 아들에게서 병을 빼앗으며 말한다. "그런 것 많이 먹으면 안 돼!"

식사 자리에서 골고루 먹으라고 애들에게 잔소리한다. 일찍 자라고도 말한다.

"너 누구 만나고 왔니?", "오늘은 그 옷을 입으면 안 돼!", "컵은 반드시 종이컵을 사용해라", " 컴퓨터게임은 안 돼" 등. 부모는 친절한 미소까지 지으며 계속 가르친다. 하루에 1000번

이상은 가르치는 것 같았다.

내가 방문하고 있는 중에도 잔소리를 잠시도 쉬지 않았다. 애들이 각자의 방으로 들어가면 이렇게 말하는 것이었다. "어휴, 애들이 말을 안 들어서 힘들어요. 왜 저런지 모르겠어요."

내가 그 집을 10여 차례 방문하는 동안 부모에게 들은 얘기라고는 아이들 흉뿐이었다. 분명 자녀들을 사랑하는데 왜 흉을 보는 걸까.

이런 식으로 C의 자식들은 10~20년을 커왔다. 부모는 애들이 너무 말을 안 들어 정신과의사와 상담도 받게 했다는데 정작 정신과 치료를 받아야 할 사람은 그 부모였다. "목소리가 그게 뭐니!" "걸을 때 그렇게 걸으면 안 돼." "예의 바르게 굴어." "비타민 먹었니?" "곧장 집으로 와. 내가 사다줄 테니 말을 해." "내가 준 돈 뭐에 썼니?" "TV를 보면 못 쓴다." "공부 안 하고 뭐 해?" "그거 이리 좀 줘봐." "방에 화분을 들이면 안 돼." 하도 많아서 책으로 엮으면 백과사전 분량이 될 것 같다.

나는 질리고 또 질렸다. 애들은 언젠가부터 부모를 슬슬 피하거나 말을 거역하기 시작했을 것이다. 부모가 보는 앞에서는 아무 일도 하지 않고 잠만 자려고 했다. 부모는 여전히 말한다. "너 어디 가!" "왜 그렇게 잠만 자니?" "얘 봐, 말하는

데 어딜 봐?" 상황이 이렇다 보니 애들은 부모를 싫어하고, 피하고 증오했던 것이다. 옛말에 옳은 얘기도 2번 하면 싫어한다고 했다. 1000번씩 얘기하면 사람은 어떻게 될까? 가르치는 것도 한계가 있는 법, 많이 가르친다고 많이 듣는 것이 아니다.

애들에게는 스스로 깨달을 기회를 줘야 한다. 침묵으로도 얼마든지 가르칠 수 있다. 애들은 부모가 무엇을 원하는지 잘 알고 있다. 하지만 계속 말로 가르치면 반발하게 되어 있다. 애들을 가르치려면 안 가르치는 법도 알아야 한다. 무턱대고 모든 것을 다 가르치려고 한다면 아무것도 가르칠 수 없다.

영국에는 세계적으로 유명한 섬머힐이라는 학교가 있다. 초등학교 과정을 가르치는 곳인데 교사들이 학생들한테 억지로 가르치지 않는다고 한다. 숙제를 안 하든, 결석을 하든, 강의실에 안 들어오든, 제멋대로다. 물론 애들이 자발적으로 배우고자 하면 그때는 가르친다. 그러나 강요하는 법은 아예 없다.

어떤 학부모가 보다 못해 항의했지만 학교 당국은 그래도 방침을 고수했다. "애들이 스스로 배워야 할 때까지 내버려둘 것이다." 이것은 실화다. 이 학교에서 세계적으로 유명한 사람이 많이 배출되었기 때문에 유명해졌다. 아무것도 가르치지 않는 학교는 너무 지나친 것일까? 그것은 각자가 판단할 일이다. 하지만 C는 자녀들을 너무 지나치게 가르쳤다.

결국 C의 자식 두 명이 가출했다. 나머지 한 아이도 가출하거나 미쳐버릴 것이다. 가르칠 때와 안 가르칠 때를 알아야 아이를 제대로 교육할 수 있다. 현재 C의 자식들은 C의 잘못된 가르침 때문에 운이 크게 나빠져 있다고 봐야 한다.

❀ ❀ ❀

"공자는 3개월에 한마디 정도 말했다고 한다.
처음에는 귀담아 듣지만 별거 아닌 이야기를
계속 말하면 사람은 귀를 닫아버린다.
작은 것을 열 번 가르치면 정작 중요한 것은 듣지 않게 된다.
아이에게 가장 필요한 것을 가르치기 위해
때론 적당히 넘어가기도 해야 한다."

부모는 아이에게 무엇을 가르치는가

사람의 행동은 어른들이 봤을 때 재수 없는 것과 재수 있는 것
으로 나뉜다. 아이가 재수 있는 행동을 하면 우리는 그에 대해
싹수가 있다고 말한다. 운명이란 싹수가 있으면 좋아지는 법이
다. 싹수란 다름 아닌 씨앗이다. 씨앗이 좋으면 튼튼한 열매를
맺는 법이다. 우리는 아이의 싹수를 보고자 한다. 그리고 이것
을 좋게 만들고 싶어 한다. 이것이 모든 부모의 마음이다.

어떤 부모들은 아이가 싹수 있게 자라기를 바라면서, 정작
본인은 재수 없게 행동한다.

그렇다면 재수 있는 부모란 어떤 부모일까? 먼저 부모에게
물어보겠다. 아이에게 무엇을 가르치고 싶은가? 그리고 어떻
게 가르치겠다는 것인가? 그것을 가르치면 아이의 미래 운이

좋아진다고 확신할 수 있는가? 지금 가르치고 있는 내용이 최선인가? 대답하기 쉽지 않을 것이다. 부모는 사랑이라는 것에 잔뜩 심취해서 마음이 급하다. 그래서 물불 안 가리고 가르치는 데에만 열중한다.

우선 부모가 무엇을 가르치는가를 살펴보면 본인이 평소 생각해온 것을 가르칠 뿐이다. 마치 의학전문지식이 없는 사람이 병이 낫는다며 닥치는 대로 이것저것 해보라는 것과 무엇이 다른가! 무엇을 가르칠지 신중하게 생각해야 한다. 일일이 전문가에게 물을 수도 없고 딱히 전문가가 존재하지도 않는다. 운명이란 매우 어려운 문제이다.

다음으로 어떻게 가르칠 것인가를 생각해보자. 부모는 말로 열심히 훈계한다. "이래야 해. 저것은 해서는 안 돼." 부모가 아이에게 할 말은 무수히 많다. 그렇다고 일일이 다 지적해서는 안 된다. 사사건건 훈계하다 보면 부모도 무엇을 어떻게 가르쳤는지 모르게 된다. 적당히 눈 감아주기도 하며 기다려야 한다. 아이를 가르치는 데 너무 조바심을 내서는 안 된다.

세 번째로 지금 가르치고자 하는 것이 아이의 운명을 좋게 만드는 것이라고 확신하는가? 잘 모르는 일이다. 인격교육과 운명교육은 현저히 다르다는 것을 알아야 한다. 이 문제는 뒤에 가서 다시 논의하겠다.

네 번째 사항을 따져보자. 지금 가르치는 내용이 최선인가? 이는 더 좋은 것은 없는지 묻는 질문인데, 우리의 영혼은 하나를 알면 배가 불러(?) 또 다른 것을 알고자 할 때 귀찮아한다. 운명교육은 쉽지 않다. 교육이란 대개 마찬가지이다. 우리는 항상 반대급부를 생각해야만 한다. 군사훈련과 다른 것이 교육이다. 훈련은 주입시키는 것이나 교육은 아니다. 부모가 말한다고 아이가 그것을 전적으로 받아들이진 않는다는 뜻이다.

교육이란 목표한 대로 되는 것이 아니다. 더구나 사랑밖에 모르는 사람은 오히려 실수만 하게 되는 법이다. 도대체 어떻게 하란 말인가? 먼저 영혼의 속성을 알아야 한다. 그리고 영혼이 받아들일 수 있는 한계를 알아야 한다. 아이는 그릇처럼 수동적인 존재가 아니다. 게다가 사람마다 받아들이는 능력이 다르다. 이를 알고 조심해야 한다.

무엇이 그리 까다로운가? 아이의 교육이기 때문이다. 더구나 운명이 달린 문제가 아닌가! 아니면 말고 식은 안 된다. 이런 방식이면 아이의 인격을 존중하지 않는 것이어서 필경 역효과가 날 것이다. '소경 몽둥이'라는 말은 바로 이를 두고 하는 말이다. 교육은 많이 할수록 좋은 것이 아니다. 적당히 해야 한다. 이는 무엇을 가르치느냐보다 훨씬 더 중요하다. 아이가 받아들이지 않거나 받아들일 수 없는 것은 부작용을 낳기 때문이다.

천천히 생각해보자. 어떻게 해야 할까? 답은 이미 나와 있다. 관찰과 침묵이다. 아이를 사랑한다면 관찰하라. 달려가서 지적해주지 않아도 된다. 말하지 말라. 침묵이야말로 모든 것을 말해준다. 말을 하면 그것만 알아듣고 아이는 더 이상 생각하지 않는 법이다. 문제를 모르고 답도 모르게 된다.

아이의 일에 참견을 적게 하라는 것은 앞서도 잠깐 언급했다. 아이가 밖으로 나갈 때, "그것 말고 새 운동화 신어"라고 한다면 무슨 도움이 되겠는가? 오히려 자율성을 해칠 뿐이다. 밥상에서 "이거 먹어라", "골고루 먹어라", "꼭꼭 씹어 먹어라" 등은 도대체 뭐 하러 하는 말인가? 아이를 사랑한다는 증거라고 착각하지 말라. 이렇게 하나하나 말해서는 안 된다. 잘하고 있는지, 문제는 없는지 관찰하는 것으로도 충분하다.

부모가 관찰하고 있다는 것만 보이면 충분하다. 침묵으로 말하고 있다는 것을 아이는 다 알고 있다. 그로써 아이는 무엇을 해야 할지를 생각하게 된다. 부모가 일일이 지적하면 아이는 그 외의 것은 안 해도 되는 줄 안다. 오로지 부모의 지적만 피하려고 잔재주를 부린다. 아이에 대해 무엇을 더 말해야 하는가를 연구하지 말고 어떤 말들을 줄여야 할까를 생각해라.

❈ ❈ ❈

"아이는 부모의 사랑을 이미 알고 있다.
'내가 너를 얼마나 사랑하는 줄 아니'라고 묻는 것은
아이의 목을 조르는 것과 같다.
내가 너를 사랑하니 너는 내 말을 들어라.
이는 아이의 영혼을 죽이는 일이다."

부모의 그릇이 커야 아이의 운도 커진다

"사람은 열 번 변한다"는 말이 있다. 인생은 길고 사람은 변할 기회가 많다는 뜻이다. 하지만 품성이란 한번 정해지면 고치는 데 오랜 시간이 걸린다.

그렇다면 부모는 무엇을 가장 먼저 고려해야 하는가? 미리 일러두지만 아이가 공부를 안 한다는 것은 문제가 아니다. 나쁜 애들과 어울려 다니는 것도 문제가 아니다. 일을 안 하고 놀기만 한다는 것도 걱정이 아니다. 가장 큰 걱정은 부모 자신일 뿐이다.

대개 부모는 사랑이 앞서기 때문에 별일 아닌 것에도 야단법석을 떤다. 먼저 사람이 어떤 존재인가를 알고 대처해 나가야 한다. 사람에게는 '복원력'이라는, 자발적으로 깨우치는 힘이 있다. 이는 타고난 힘으로 아주 강력하다. 사람은 쉽게 잘 못되는 존재가 아니다. 다만 부모가 이를 고착시킨다.

아이를 대하는 부모의 태도가 중요하다. 어른이 가장 먼저 갖춰야 할 것은 무엇일까? 다름 아닌 너그러움이다. 아이가 잘 못을 저지르면 무작정 나무라지 말고 일단 이해해줘야 한다. 마치 별일 아닌 것처럼 말이다. 아이의 나쁜 성품은 부모와 싸 우면서 그 잘못을 고치기는커녕 오히려 고착되어버린다. 부딪 치며 튕겨 나가는 것이 사물의 본성이기 때문이다. 부모가 슬 쩍 피하면 애들은 더 나빠지지 않는다.

E의 예를 보자. 그의 둘째 아들은 10대 중반인데 수시로 외 박을 하고 학교를 자주 빠지는 데다 술을 마시고 담배를 피우 며 부모의 속을 썩인다. 이러니 부모의 고민이 이만저만이 아 니다. 이럴 때 어떻게 해야 할까? 방법은 간단하다. 내버려두 면 된다. 미리 말하지만 E의 아이는 1년 반 정도 방황하더니 정상으로 돌아왔다. 물론 그동안 학교를 못 다녔으니 부모의 속은 썩어 문드러지고 아이의 학업도 엉망진창이 되었다. 하 지만 아이는 죽지 않고 더 큰 망나니로 변하지도 않았다. 망가 진 세월은 이제부터 복구하면 된다.

집을 나갔던 E의 첫째 아들은 3년 만에 돌아왔다. 이때 E는 어떻게 했을까? 돌아온 아이를 용서하고 큰 문제 삼지 않았다. 부모가 용서한 순간 아이는 마음에서 우러나오는 반성을 하였다. 지금까지와는 다르게 살아야겠다고 아이는 결심하게 되었다. 부모의 너그러움에 깨닫게 된 것이다. 인간의 본성은 단속하지 않으면 순해지는 법이다.

아이를 키우는 방법은 많지만 제대로 키우기 위해 부모는 한없는 이해심을 보여줘야 한다. 이는 벌을 주는 것보다 훨씬 더 효과가 있다. 야단을 크게 맞은 아이는 자신의 잘못과 야단을 맞교환했다고 생각한다. 그러나 벌을 받지 않으면 아이의 마음은 빚을 진 셈이 된다. '죄를 지었는데도 엄마 아빠가 나를 감싸주었어!' 사람은 양심이 있고 회복력과 자발적 깨달음도 있다.

부모는 아이의 잘못을 가르치는 한편 용서하는 법도 가르쳐야 한다. 용서를 많이 받은 아이는 철이 빨리 드는 법이다. 미안함은 마음 깊은 곳에 살아 있다. 간혹 아이가 누군가의 흉을 보면, 아이에게 그 사람을 이해해주라고 말해야 한다. 아이는 이해심, 즉 용서하는 마음을 통해 큰 인물로 자라난다. 가정은 군대가 아니다. 군대는 벌로써 다스리지만, 가정은 용서로 다스려야 한다. 아이에게 엄격함을 보이기보다는 드넓은 부모의 마음을 보여줘야 한다.

옛 성인은 이렇게 말했다. "물고기가 물을 떠날 수 없는 것은 물의 부드러움 때문이다." 부드럽고 이해심 많은 어른을 거역하기란 아이들에게 아주 힘든 일이다. 인간의 본성은 태어나기 전부터 반발심이 있다. 사춘기라서 반발하는 게 아니다. 인간의 영혼은 양陽인데, 양은 반발의 성질을 갖고 있다. 아이들을 부드러움으로 감싸야 반발하지 않는다.

요점은 이렇다. 작은 잘못을 많이 용서한 부모는 아이의 큰 잘못을 바로잡을 수 있다. 이는 아이의 교육뿐 아니라 세상 사람을 굴복시키는 방법이다.

❀ ❀ ❀

"작은 잘못을 많이 용서한 부모는
아이의 큰 잘못을 바로잡기가 쉽다.
이는 아이의 교육뿐 아니라
세상 사람을 굴복시키는 좋은 방법이다."

자식의 운명을 빼앗지 말라

F는 공무원이다. 자식을 많이 낳는 게 소원이라고 한다. 좋은 일이다. 많이 낳아서 잘 키울 수만 있다면 얼마나 좋은 일이겠는가. 그런데 자식을 키운다는 것은 쉬운 일이 아니다. 세상에 가장 어려운 것이 있다면 바로 자식을 키우는 일일 것이다. 세상만사는 애를 쓴 만큼 되어가는 법인데 자식은 내 마음처럼 되지 않는다. 아주 훌륭한 방법(?)이 아니면 자식교육은 실패한다.

F가 그런 생각을 한 것은 자식을 잘 키울 자신이 있어서였을까. F는 자식을 잘 교육시켜야 한다는 생각 같은 건 사실 해본 적이 없다. 사람은 저절로 커가는 것이니 큰 걱정을 할 일이 아니며 운명대로 되지 않겠느냐는 생각이다. 이는 잘못된

생각이다. 자식의 운명은 잘 만들어줘야 하고 얼마든지 그렇게 할 수 있다. F는 그런 생각을 갖고 있지 않다. 그저 많은 자식만을 원하는 것이다. F는 어째서 많은 자식을 원하는가? 적어도 3명은 낳고 싶다고 하는데, 잘 키우고 싶어서라는 말은 한 적이 없다.

F가 오랜 세월 동안 자식을 원했기에 그 이유를 소상히 물어보았다. 외로워서 그런 것은 아닐까! 그런데 F는 형제도 많고 친척도 많았다. 가족이 그리워서 많은 자식을 원한 것은 아니었다. 그는 미소를 지으며 이렇게 말했다. "자식이 많으면 그중에 하나라도 잘되지 않을까요." 그러면 자신의 노후대책은 세워지지 않겠냐며 강조한다.

F는 자식을 도구로 생각하고 있다. 그의 부모도 이런 생각을 가졌다. 부모는 항상 자식들이 돈을 못 벌어와서 불평불만을 했다. 어서 돈을 벌어 오라고…. 참 어처구니가 없다. 그 부모는 사악한 사람이다. 돈이란 자신이 쓰기 위해 버는 것이지 부모에게 갖다 주기 위함이 아니다. 당연히 돈도 잘 벌고 출세하여 부모를 잘 공양하면 더할 나위 없는 일이다. 하지만 세상에 나온 자식이 오로지 부모를 위해 살기를 원한다면 아주 몹쓸 부모이다.

F는 여전히 웃으며 말한다. "셋 정도면 그중에 하나쯤은 성

공하지 않겠어요?" 그는 아직 결혼도 못하고 있다. 그런 사람이 결혼마저 잘될 리 있겠는가! 그리고 자식을 낳는다고 3명이나 낳을 것인가! 게다가 그중에 하나쯤은 잘될 것이라는 보장은 어디에 있을까! 기가 막힐 일이다. F는 인격도 모르고 인권도 모르는 바보다.

예전에 우리 조상들도 간혹 F와 같은 생각을 했었다. 하지만 당시는 농경사회였기 때문에 자식들이 농사를 짓는 데 도움이 되기를 바랐던 것이다. 오늘날은 이런 사회가 아니다. 누구나 잘살 권리가 있다. 하지만 F는 사람의 권리조차 모르고 있다. 자식을 부모의 삶을 도와주는 도구쯤으로 생각하는 것이다. 의외로 이런 부모가 많다! 이는 잘못된 인생관이다.

자식을 키움에 있어 사랑을 우선으로 해야지 용도를 미리 생각해서는 안 된다. 누구든 이런 생각을 가지고 있다면 당장 고쳐야 한다. 먼 훗날 도움을 받을 생각부터 하는 것은 좋지 않다. 사람은 스스로 열심히 살다 죽는 것뿐이다. 능력이 있으면 자식에게 상속도 하고 부모도 잘 모시면 된다. 하지만 자식을 부모의 미래를 위한 투자로 생각해서는 절대 안 될 일이다. 그런 생각을 하고 살면 자식의 운도 좋아지지 않고 자신의 노후도 비참해질 것이다.

자식의 운을 빼앗아 먹고사는 부모가 되어서는 안 된다. 불운을 상속해주는 부모가 되어서도 안 된다. 자신의 불행을 개선시키기 위해 자식을 희생시키며 사는 것은 더더욱 안 될 일이다. 자신의 운명이 그렇다면 깨끗이 승복하고 자기 인생을 살아야 한다. 만약 자식의 혜택을 받고자 한다면 그 자체만으로 자식의 운을 나쁘게 만들게 될 것이다. 자신의 인생을 산다는 것, 이것이 중요하다. 자식에게도 떳떳하게 자신의 운명을 살도록 가르쳐야 한다.

❀ ❀ ❀

"자식을 키우는 것은 오직 자식을 위해서일 뿐.
제발 부모가 불행해질지언정 자식에게
부모의 짐을 억지로 떠넘기지 말라.
키울 자식은 있어도 기댈 자식은 없다고 생각하라."

처음부터 평범한 아이로 키우지 말라

많은 부모들이 자신의 아이를 평범하게 키우고 싶다고 말한다. 아이의 교육에 큰 욕심 내지 않겠다는 뜻인가 본데, 조금만 깊이 생각해보면 참 재수 없는 말이다. 도대체 왜 평범하게 키우겠다는 것인가! 평범한 인생이 뭐가 좋아서 그렇게 말하는가!

있는 힘을 다해도 살기 어려운 세상인데 처음부터 목표를 작게 잡으면 중간 성적을 내기도 쉽지 않다. 아이를 제대로 키워보지도 않고 처음부터 기를 꺾어서는 안 된다. 아이가 큰 인물이 못 될 것을 미리 알기라도 한 게 아니라면 최고가 되도록 교육하고 뒷받침해줘야 한다.

어중간한 게 좋으니 대충 살라고 하는 것은 올바른 부모의 태도가 아니다. 좋은 말은 얼마든지 있다. '훌륭하게 살아라', '착하게 살아라', '잘 살아야 한다'. 얼마든지 아이를 격려하는 말이 있다. 평범하게 키우겠다는 것은 싸워보지도 않고 항복을 선언하는 것과 같다.

어떤 부모는 '출세 안 해도 좋으니 건강한 아이로 커 달라는 뜻'이라고 항변한다. 건강이 도대체 무엇인가? 이는 미래로 잘 나아가기 위한 수단이다. 건강 그 자체만으로 만족한다면 동식물과 무엇이 다르단 말인가! 있는 힘을 다해서 훌륭해지려고 하는 것이 인간의 삶이다.

인간이란 태어날 때부터 평범한 존재가 아니다. 인간은 만물의 영장이다. 어렵게 태어나서는 고작 인생을 평범하게 살겠다는 것인가! 세상에는 공자나 아인슈타인 같은 위인도 있고 국회의원이나 대통령 그리고 엄청난 부자도 있다. 겨우 살아가기 위해 존재하는 게 아니란 말이다. 포부는 크게 가져야 한다.

삶이란 투지가 있어야 한다. 남보다 앞서가겠다는 의지가 없으면 운도 좋아질 수가 없다. 그저 평범한 사람으로 키우겠다는 것은 부모의 죄악이다. 아이한테 물어보기라도 했단 말인가! 아이에게 "너는 평범한 사람이 되어라"라고 하면 이는 비웃는 얘기밖에 안 된다. 아이는 큰 포부를 가지고 있는데 부모가 평범한 삶을 살라고 하다니, 아이의 기를 죽이는 일이 될 수도 있다.

인생은 올림픽 경기와도 같다. "경기에 나가 있는 힘을 다해서 금메달을 따야 해"라고 아이를 가르쳐야 한다. 이는 재촉도 아니고 학대도 아니다. 격려이다. "나는 네가 크게 될 것이라 믿는다"라고 말하는 것은 아이에게 부담이 아닌 용기를 주는 말이다.

부모 자신이 평범한 사람일지라도 아이에게는 다른 인생을 기대해보는 것이 진짜 사랑이다. 옛날에 어떤 사람은 이렇게 말했다.

"보통사람으로 살 바엔 아예 태어나지 않음만 못하다."

인생의 목표는 위대할수록 좋다.

❀ ❀ ❀

**"자식이 평범한 사람이라도 되기를 바란다면
아이에게 큰 목표를 주고 최선을 다하게 도와주어야 한다."**

사랑도 지나치면 독이 된다

지인의 부탁을 받고 어느 가정을 방문하였다. 지인의 친구 집인데, 아들에게 문제가 있었다. 나는 교육자의 입장에서 그 아이를 살펴보았다. 지인은 학식도 높고 인격도 매우 훌륭한 분이었는데, 굳이 나에게 친구 아들을 살펴봐 달라고 부탁했다. 그 이유는 자기는 너무 친한 친구의 아들이라 객관적으로 볼수 없다는 것이다. 사랑이 앞서 아이의 단점을 볼 수 없다는 뜻이다. 그럴 만했다.

집을 방문해 아이를 관찰해보니 별문제가 없어 보였다. 조용한 성격에 어른에게도 매우 공손한 태도를 보였다. 어색하고 부끄러워서인지 방에 들어가서는 나올 줄을 몰랐다. 아이의 부모와 이야기를 나눠보니 아빠가 아이를 지나치게 많이 걱정하고 있었다.

아이의 아빠는 매우 위험한 사람이었다. 위험? 그렇다! 이 사람은 아이의 장래를 망치고 있었다. 분명 아이를 사랑하는 아빠인데 무엇이 문제인 걸까? 아이 엄마와 따로 이야기를 나누며 중요한 사실을 알아냈다. 내가 알아낸 중요한 사실을 부인은 이미 알고 있었으며, 나의 지인도 익히 알고 있었다. 그들은 단지 나의 생각이 궁금해 방문을 부탁했던 것이다.

아이는 아이답지 않고 조심성이 많았고, 무슨 죄라도 진 듯 행동했다. 질문을 해도 고개를 숙이고 대답을 제대로 못했다. 아이의 행동은 그래도 괜찮다. 더 큰 문제는 아빠였다. 아빠는 아이를 너무 사랑한 나머지 아이를 혼자 두는 법이 없었다. 집에 있는 동안 아이에게서 잠시도 눈을 떼지 않았다. 아이가 책을 읽는다고 하면 책을 가져다주고, 물을 마신다고 하면 물을 떠다주는 등 모든 부탁을 들어주었다. 휴일에도 아이와 보내기 위해 약속을 전혀 잡지 않았다. 아빠의 머릿속에는 오로지 아이뿐이었다.

아이는 아빠가 다 해주니 스스로 무언가를 해야겠다는 생각을 하지 않게 되었다. 결국 스스로 무언가를 결정하고 해내지 못하는 의지박약아가 되어버렸다. 아빠가 한 발 앞서서 모든 것을 해주니 스스로 선택할 필요가 없었다. 부모의 사랑이 지나치면 아이는 약해지는 법이다. 사랑이 부족한 것도 문제이지만 지나친 것도 문제다. 영혼은 자기가 하고 싶은 것을 하도록 되어 있다. 그런데 부모가 미리 알고 다 해주니 특별히 힘을 낼 필요가 없다. 아이도 처음에는 편하고 좋았다. 부모가 자신을 사랑하고 있구나, 하는 마음에 행복했다. 커가면서 부모의 지나친 관심에 지쳐가고 포기하게 된 것이다.

나는 이런 부모를 종종 봐왔다. 부모의 지나친 사랑으로 아이가 정신병에 걸리기도 하고 의지박약으로 자살하는 경우도 봤다. 사람은 의지가 너무 약할 때 병도 생기고 운도 나빠지는 법이다. 아이는 모든 것을 부모가 해주는 바람에 편하게 살다가 죽었다. 과연 그럴까? 아니 제 마음대로 살아보지도 못하고 죽었다.

이런 부모는 아이가 친구와 세운 계획은 모두 부정한다. 아이가 "친구들과 여행 가려고 하는데 허락해주세요" 하면 부모는 무조건 "안 된다"라고 막는다. 첫째는 밖에 나가면 위험해서이고, 둘째는 부모의 감시 없이 제멋대로 시간을 보내면 안 된다는 것이다. 정도의 차이는 있겠지만 이런 부모는 아이가 하루나 이틀 친구들과 놀러간다고 하면 놀라 기겁한다.

부모의 생각은 뻔하다. 아이를 밖으로 내보내면 무슨 짓을 할지 모른다는 것이다. 부모 몰래 무슨 짓을 한다는 것이 왜 문제가 될까? 때때로 아이에게 탈선도 필요할 수 있다. 부모 속을 한 번도 썩이지 않는다면, 훗날 잘못되었을 때 정상으로 돌아오는 법을 모르게 된다. 인생은 똑바로 레일 위만 달릴 수 없다. 너무 조바심을 내지 말고 아이가 하고 싶은 것을 많이 용납해주라.

아이는 부모가 하지 말라고 하는 것도 해봐야 한다. 너무나 해보고 싶다는데 어쩌겠는가. 사람에게는 잘못을 뉘우치는 능력이 있다. 아이가 매일 잘못되고 1년 내내 나쁜 짓을 한다면 당연히 단속해야 한다. 하지만 아이가 모든 것을 부모에게 허락받고 하게 해서는 안 된다. 말을 잘 듣는 아이도 좋지만 말안 듣는 아이도 괜찮다. 너무 말을 잘 듣는 아이로 키우면 독립심이 사라진다. 어른에게 묻지 않고 허락받지 않고 혼자서 추진하는 힘도 반드시 있어야 한다.

❀ ❀ ❀

"영혼은 홀로 서서 걸어갈 때가 있다.
자식에 대한 지나친 안전주의가 아이를 위험하게 키운다.
적당히 방치하면 아이는 스스로 커나간다.
통제하지 않아도 아이는 크게 벗어나지 않는다."

자식에게 바라지 말고 부모가 먼저 실천하라

태어나는 순간을 보자. 우리는 엄마의 자궁에서 10개월을 보내는데 이때는 영혼이 참으로 행복한 시간이다. 우주를 통틀어 가장 아늑한 곳이다. 아늑하다는 것은 편안하고 만족한다는 뜻으로 천국도 이만큼 좋을 수는 없다. 자궁은 영혼이 쉬는 곳이고 또한 보상을 받는 곳이다. 험악한 우주에서 그동안 고생했으니 이곳에서 잠시나마 행복을 누리라는 뜻이다. 잠시라고 말했지만 10개월은 영혼에게 영원처럼 긴 시간이다.

영혼은 찰나를 다루는 존재로 아무리 좁은 곳이라도 우주처럼 넓게 쓸 수 있으며 우주처럼 넓은 곳도 한순간에 움직일 수 있다. 영혼이 움직이는 속도는 빛보다 빠르다. 엄마의 자궁은 영혼에게 낙원이고 천국이며 영원한 고향이다. 그러나 이

곳에서도 살 수 있는 기간이 정해져 있어, 세상 밖으로 나와야 한다. 이제부터 아이의 영혼은 고생을 시작한다.

자궁 속에서 엄마는 무한한 힘을 실어주고 보호해줬는데 이제부터는 스스로 살아야 한다. 엄마의 보호가 그리울 것이다. 하지만 엄마의 보호는 아직 끝난 것이 아니다. 엄마의 힘은 뱃속에서는 탯줄을 통해서 이루어졌으나 지금부터는 초공간을 통해 이루어질 터이다. 초공간은 멀고 가까움이 없이 모든 곳이 동시에 연결된다. 엄마와 아이는 이곳을 통해 영원히 연결되어 있다. 부모 자식 간의 초공간 연결은 조상과 후손들에게까지 길게 이어져 있다.

물질 간에 초공간의 연결이 존재한다는 것이 최근 과학에서 발견되었다. 아무리 멀리 떨어진 두 입자라도 서로 동기화되어서 하나의 현상으로 묶여 있다. 사람 간의 인연도 같다. 특히 부모 자식 간의 연결된 힘은 우주를 초월해 있다. 아이가 거대한 자동차에 깔리자 부모가 자동차를 들어 올려 옮긴 일이 있다. 한 병사는 전쟁터에서 엄마가 부르는 소리가 들려서 뒤돌아봤는데 그순간 적군의 총알이 바로 옆을 스쳐 지나간 예도 있다. 부모 자식 사이에 초월적인 힘이 존재한다는 것은 과학자들도 인정하고 있다.

H에게는 자식이 둘 있다. 이 사람은 주변에서 별로 좋은 평

을 듣지 못했다. 건방지고 불성실했다. 자식도 부모를 닮아서인지 품행이 바르지 못했다. 부모는 이를 알고 걱정하고 있었는데 정작 자신의 나쁜 품성은 모르고 있었다. 부모란 그런 존재이다. 자신은 가난해도 자식은 부자가 되길 바라고 자신은 병들어 있어도 자식의 건강은 바란다. 그리고 자신이 도둑이라도 자식만은 떳떳하게 살기를 바란다.

H도 마찬가지였다. 이 사람은 자식이 잘되라고 기도도 하고 가정 교사도 채용했다. 그러나 자식은 점점 못된 사람으로 커갔다. 나는 H에게 "자식 걱정도 좋지만 자신의 인격부터 고치세요"라고 조언했다. H는 처음엔 화를 내더니 마침내 자신의 모습을 알게 되었다. 그 이후 크게 반성하고 자신을 고치기 위해 각고의 노력을 기울였다. 몇 년쯤 지났을까. 언젠가부터 자식도 변하기 시작했다.

세상의 이치는 그리 어려운 것이 아니다. 자식이 해주길 바라는 것이 있다면 자신이 먼저 실천하면 된다. 자식이 착한 사람이 되기를 바란다면 부모가 먼저 착한 사람이 되면 그만이다. 자식이 가난하지 않기를 바란다면 자신이 근면하면 된다. 부모의 성품은 자식이 먼 곳에 있어도 전달되는 법이다. 내가 즉 자식이고 자식이 바로 나 자신이다. 그런 마음으로 살아간다면 자식을 키우는 일이 어렵지 않다. 부모가 선행을 해도 이는 자식이 선행을 하는 것과 같은 의미이다. 자신이 현재 나쁜 놈이라 할지라도 이것을 고치면 자식의 앞날도 좋아지게 되어 있다.

자식은 늘 내 품 안에 있다. 태교라는 것을 해본 경험이 있을 것이다. 배 속에 있는 아이라 할지라도 아이를 마음으로 기르는 것이 태교이다. 사실 태교란 자식이 출생하고 나서도 이어지는 것이다. 부모 자식 간의 탯줄은 영적인 연결이고 공간을 초월해 작용한다.

자식을 위해 노력하는 힘을 자기 자신의 인격을 고치는 데도 써보라. 자식이 순식간에 바뀌는 것을 목격할 수 있을 것이다. 이로써 자식의 운이 좋아질 것은 물론이다. 아울러 부모의 운도 풀려나갈 것이다.

❀ ❀ ❀

**"자식의 버릇을 고치겠다며 잔소리를 할 것이 아니라
부모 자신부터 나쁜 점을 고치라.
부모와 자식은 서로 연결되어 있다.
부모가 잘못하면 자식의 운도 나빠진다."**

운이 찾아오는 아이,
운이 떠나는 아이

아이를 우물 안의 개구리로 키우지 말라.
마음의 크기가 큰 아이로 키우라.
마음의 그릇이 큰 아이에게 비로소 좋은 운이 찾아온다.

3
장

넓은 세상을 봐야 큰 운이 찾아온다

영혼은 항상 어딘가를 향해 달려가는 존재이다. 갓난아이를 보면 끊임없이 무엇인가 하려고 요동친다. 그러고는 제대로 안 되면 울어버린다. 답답해서 못 견디겠다는 뜻이다. 영혼이 가진 속성을 보여주는 일례이다. 아이를 자세히 보면 참을성이 없고 기다리지 못한다.

아이가 끊임없이 움직이는 이유는 영혼이 아직 멈추지 않았기 때문이다. 이번 생에 태어나면서 달려오던 힘을 그대로 가지고 있다는 뜻이다. 어린아이의 영혼은 앞을 똑바로 보지도 않고 달리는 자동차와 같다. 어른이 되어가면서 영혼은 비로소 천천히 움직이는 법을 배우게 된다. 산에서 수도하는 도인들은 다름 아닌 영혼을 정지하게 만드는 수련을 한다.

영혼은 아주 가벼운 존재라서 한없이 날아갈 수 있다. 이는 영혼의 힘이지만 조절이 되지 않아서 걱정이다. 뇌라는 것은 영혼을 천천히 움직이도록 하는 장치인데 아직 영혼을 통제하지 못한다. 철이 들었다는 것은 바로 영혼을 조절하는 힘이 생겼다는 뜻이다. 자전거를 처음 배울 때도 이와 비슷한 상황이다. 천천히 가야 하는데 급하게 페달을 밟다가 부딪쳐 넘어지고 만다. 사람이 급한 것은 영혼을 제대로 다스리지 못했기 때문인데 이로써 나쁜 운명은 계속 생겨나게 된다.

교육이란 이를 막아주는 훈련이다. 달리는 영혼을 어떻게 하면 조절할 수 있을까? 방법은 한 가지이다. 세상이 넓다는 것을 보여주면 된다. 영혼은 답답해서 달려나가는 것인데 크고 넓은 것을 보면 답답함이 풀리는 법이다. 나는 어려서 침착하지 못한 아이였는데 바다를 한번 본 순간부터 바뀌기 시작했다. 17세 때 바다를 처음 보았다. 그전에는 책에서만 바다가 있다는 것을 알았을 뿐이다. 바다, 얼마나 드넓은 광경인가!

나의 영혼은 그 드넓은 바다를 보기 위해 멈춰 섰다. 경치를 바라보며 무한한 감동을 받았다. 영혼은 드넓은 곳을 보면 드디어 멈춰 서서 전체를 보게 된다. 좁으면 무조건 뛰쳐나가고 보는 것이 영혼이다. 이를 바탕으로 아이의 교육을 기획하면 된다. 아이에게는 장엄한 것을 많이 보여줘야 한다. 드넓은 바다라든가 산 아래의 계곡, 밤 하늘 등 찾아보면 넓은 세계가 많이 있다.

형편이 닿으면 미국의 그랜드캐넌을 가보는 것도 좋다. 아이는 큰 것, 넓은 것, 위대한 것 등을 보면 닮아가려 한다. 어른의 너그러움과 이해심은 아이가 볼 때는 드넓은 세계이다. 말이 많고 멈추지 않고 잔소리를 하는 부모는 아이 눈에는 쩨쩨하게 보인다. 조선 세조 때 무신인 남이 장군의 시가 있다. "백두산은 칼을 갈아서 다 없어졌고 대동강물은 말이 다 먹어버렸다." 장부의 기개를 나타내는 장엄한 시이다.

징기스칸은 드넓은 벌판을 보며 자랐고 모차르트는 상엄한 교향곡을 들으며 자랐다. 우리의 아이들에게 무엇을 보여주며 키울 것인가! 흔히 말하는 속 썩이는 아이는 큰 것을 보지 못했기 때문이다.

무엇보다도 종합적 시야를 갖추게 해야 한다. 이는 아이의 이해심을 키워주고 침착함을 길러준다. '우물 안의 개구리'라는 말은 아직 큰 것을 보지 못했다는 뜻이다. 시험공부를 못하는 아이들은 지식을 넓게 보지 못하고 단편적으로만 봤기 때문이다. 대학이 문제가 아니다. 인생 전체가 편협해지면 효자도 못 되고 성공도 못한다. 운이 점점 나빠지는 것은 물론이다.

큰 그릇이란 말이 있는데 이는 마음의 크기를 뜻한다. 아이를 교육할 때는 먼저 그릇을 크게 하고 나중에 그것을 채워주면 된다. 전망이 좋은 집에서 사는 것도 아이에게는 큰 것을 보여주는 것이다. 영웅의 성공담을 읽게 하는 것도 아이를 크게 하는 법이다. 찾아보면 한없이 많다. 드넓음! 이는 유식한 것보다 훨씬 낫다. 운이 좋은 사람은 바로 이런 사람이다.

**"아이를 우물 안의 개구리로 키우지 말라.
아이의 그릇을 키워줘야 훌륭한 아이로 자랄 수 있다."**

얼굴을 보면 인생 운을 읽을 수 있다

미국의 대통령이었던 링컨은 "40대 이후에는 자신의 얼굴에 책임을 져야 한다"라고 말했다. 이는 많은 사람이 알고 있는 바이지만 여기에 함축되어 있는 의미를 음미해보자. 우선 사람은 내면의 됨됨이가 얼굴에 나타난다. 흔히 '연륜'은 얼굴에 비친 과거의 흔적을 두고 하는 말이다. 실로 얼굴에는 과거가 어느 정도 어려 있다.

우리의 얼굴은 감정에 따라 수억 조의 표정이 가능한데, 같은 표정을 오래 지으면 굳어지게 된다. 괴로워서 악을 쓰고 지내면 어느새 얼굴이 무섭게 보이고 웃고 지내면 웃음의 그림자가 보인다. 사람은 소리로만 말하는 것이 아니다. 여기에는 표정이 깃드는데 이는 내면의 감정을 확실하게 전하기 위함일 것이다.

눈동자는 감정에 따라 움직인다. 얼굴의 색깔도 감정에 따라 변하는데, 이를 관상이라고 부른다. 관상에는 과거만 보이는 것이 아니다. 거기에는 미래의 징조가 포함되어 있다. 주역에서 얼굴은 천天이라 하는데, 여기에는 마음이 우선 비추어져 있다. 천이란 영혼의 기운을 말한다. 인간의 감정은 오랜 세월 영혼으로 투사되는데 영혼은 그것을 다시 얼굴에 투사하여 자신의 상태를 보여준다.

독심술이라는 것이 있는데 이는 얼굴에 나타난 마음의 상태를 보는 기술이다. 베테랑 형사들은 용의자의 표정만 보고 진범인지 아닌지를 판단하기도 하고, 의사들은 질병을 진단하기도 한다. 그리고 수련이 깊은 도인들은 사람의 얼굴을 보고 현재의 영혼을 꿰뚫어본다.

오늘날에 와서는 과학자들조차 표정에 담겨 있는 메시지를 주의 깊게 연구하는 중이다. 필요한 연구이다.

얼굴의 표정은 만들어지고 굳어지고 변해간다. 물론 마음의 상태가 똑같이 반복되면 얼굴은 마치 조각처럼 일정한 틀을 형성하게 된다. 그래서 얼굴을 보면 마음을 알게 된다. 나는 어려서 엄마에게 꾀병을 부리다가 들킨 적이 종종 있었다. 표정 관리를 잘하며 꾀병을 부렸는데도 엄마는 딱 잡아냈다. 얼굴에 다 나타나 있었기 때문이다.

사채업자들은 얼굴을 척 보면 신용상태를 알 수 있다고 하고, 여자들은 남자가 자기를 진짜로 사랑하는지를 얼굴을 보는 순간 알 수 있다고 한다. 세계적인 도박꾼들은 포커를 칠 때 상대의 얼굴을 보고 숨은 패를 정확히 읽어내기도 한다.

얼굴에는 많은 것이 숨어 있다. 얼굴은 과거를 보여주고 미래를 보여준다. 영혼의 상태가 얼굴에 나타나기 때문이다. 그런데 알아두어야 할 것이 있다. 얼굴에는 영혼의 작용으로 미래가 투사되는데, 무의식적으로 나타나는 표정이 영혼의 기분을 이끌어내기도 한다.

기분이 나쁘면 얼굴이 찡그려지는 것은 당연하겠지만 얼굴을 찡그리면 기분이 나빠지거나 나쁜 일이 생긴다는 뜻이다. 그래서 예부터 표정을 단속하였던 것이다. "얼굴을 펴고 살아라!" 얼굴의 표정은 수동적으로 만들어지는 것만은 아니다. 미래를 이끌어가는 힘도 있다. 영혼 자체도 자기 표정에 이끌려 미래를 만들어낸다.

얼굴에는 과거가 들어 있고 또한 미래가 들어 있다는 것을 잊지 말아야 한다. 이것을 응용하여 자식의 미래를 가늠할 수 있기 때문이다. 막 태어난 아기의 얼굴에는 태어나기 전의 영혼이 깃들어 있는데, 자라면서 계속 변화해 나간다. 부모는 아이의 표정을 만들어낼 수 있고 또한 만들어줘야 한다. 교육이란 바로 이런 것이다. 교육에 의해 아이의 얼굴이 만들어지기 때문이다.

아이의 어떤 표정이 가장 좋을까? 밝고 명랑한 표정이 좋을까? 심각한 표정이 좋을까? 총명해 보이는 표정이 좋을까? 강인해 보이는 표정이 좋을까? 표정은 무수히 많다. 이중에서 가장 먼저 갖추어야 할 표정은 어떤 것일까? 아이의 얼굴은 교육의 성과를 보여준다. 즉 영혼의 상태를 알 수 있다는 것인데 관상가들은 이를 판단하여 미래를 읽어낸다.

좋은 운명을 가진 아이의 표정은 과연 어떠할까? 귀한 얼굴이다. 척 보면 귀해 보이는 얼굴이다. 부유해 보이는 것과는 아주 다른 개념이다. 어떤 얼굴이 귀한 얼굴이냐는 후에 다시 이야기하겠다. 사람의 얼굴은 귀해야 한다는 것만 먼저 알아두자.

자신감이 넘치는 것도 아니고 총기가 서린 것도 아니고 그저 귀해야 한다. 어떤 얼굴이 귀한지는 딱히 정의할 수 없다. 아이의 얼굴이 예쁘냐, 못생겼느냐를 묻는 것이 아니다. 얼굴은 귀해야 한다는 사실을 잊지 말자. 이는 현재 부모의 재산상

태나 권력과는 무관하다.

얼굴의 귀천을 판단하는 방법은 그것을 묻는 자체에 답이 있다. 귀한가, 천한가? 이것을 묻기만 하면 저절로 답을 알 수 있다. 사람의 영혼이 제일 먼저 알아내는 것이 그것이다. 이를 품위라고도 하는데, 아이의 품위를 기르는 것이 바로 교육의 목표이다.

⊗ ⊗ ⊗

**"얼굴에는 과거가 들어 있고, 미래도 들어 있다.
좋은 운명을 가진 아이의 표정은 어떨까?
사람의 얼굴은 귀해야 한다."**

아름다움의 가치를 아는 사람에게
운이 찾아온다

카멜레온은 주변환경과 같은 색깔로 바뀌는 능력이 있다. 주로 갈색, 녹색, 파란색 등 주변 색으로 변해 자신을 슬쩍 감춘다. 이런 생물은 카멜레온 말고도 더 있다. 주변에 섞여 자신을 감추는 기술은 오랜 세월 동안 진화해온 결과이다. 그런데 실은 모든 생물이 이런 존재이다. 색깔은 아니더라도 환경에 유리하도록 신체의 기능을 발전시킨다.

생물은 환경의 기운을 받으면서 항상 변해가는 존재이다. 그리하여 특성이 고착된다. 사람도 이렇게 지방마다 특유의 성격이 있는데 이는 다름 아닌 환경에 의한 영향이다. 미국인은 피가 영국인인데도 어느새 변해버렸다. 한국인과 일본인은 유전자가 비슷한데 성격은 판이하다. 그런데 생물의 이러한 성질은 몸에서만 일어나는 것이 아니라 영혼 속에서도 일어난다.

환경에 의한 변화는 영혼이 신체보다 강하며 즉시 반응이 나타난다. 영혼은 사람이 활동하면 그 모든 것을 기억하고 그 결과를 밖으로 분출하기 위해 때를 기다린다. 다름 아닌 운명이 바로 이것이다. 운명은 마치 컴퓨터에 입력된 정보처럼 영혼에 저장된 정보일 뿐이다. 다만 컴퓨터의 내용은 지울 수 있으나 영혼에 들어간 기록은 절대 지울 수 없다.

사람의 행동은 컴퓨터로 말하면 입력된 정보와 같고 그것은 운명이란 형태로 출력된다. 운명이란 영혼 속에 있는 정보를 밖으로 발산하는데 스토리를 만들어 그럴듯하게 꾸며낸다. 그러나 맥락이 변하는 법은 절대 없다. 영혼은 살릴 이유가 있으면 반드시 그것을 발현시킨다. 나쁜 내용도 마찬가지이다. 운명은 영혼에서 방출된 빛과 같은 존재이다. 촬영된 것을 상영하는 것으로 봐도 된다.

영혼에서 방출된 운명은 스스로 만들어냈을 뿐 누가 억울하게 만들어낸 것이 아니다. 운명이 나쁘면 스스로 반성해야지 신을 원망해도 소용없다. 다만 운명이 만들어지는 것은 오로지 자신만의 작품은 아니다. 부모가 관여하고 우연도 가세한다. 하지만 우연이란 것도 수억 년 오랜 세월 천천히 만들어진 결과로 보면 된다. 조상에 의해 자손이 잘되는 경우는 얼마든지 있다. 또한 조상탓으로 운명이 나쁜 경우도 있는 법이다.

　그러나 이 또한 가족이라는 운이므로 스스로 만들어낸 것이다. 좋은 부모를 갖게 된 것도 자신의 운명이고 나쁜 부모를 갖게 된 것도 자신의 운명일 뿐이다. 다소 무서운 일이지만 세상이 이렇게 만들어졌으니 순응할 수밖에 없다. 다만 자연의 법칙은 공정한 것이니 그대로 따른다고 딱히 손해 보지는 않는다. 어려운 것은 생각할 필요가 없다. 당면한 문제, 즉 자식의 운명을 생각해야 할 것이다. 이것이 한 영혼이 다른 영혼(바로 자식)에게 해야 할 마땅함이다.

　자식의 영혼 속에 무엇을 입력시킬 것인가? 이는 바로 교육이고 환경이라고 누차 이야기해왔다. 할 일은 무수히 많다. 할 수 있는 것부터 차곡차곡 갖추어 나갈 뿐이다. 이는 존재하는 한 끝낼 수 없는 절대적 사명이다. 앞서 자식에게 필요한 성품을 몇 가지 얘기했는데 더욱 확장해보자. 힘 닿는 데까지 해보는 것이 자식교육이다.

　우리 주변을 보자. 봄이 되면 많은 생물이 힘을 얻고 아름다운 꽃도 피어난다. 여름이나 가을도 마찬가지다. 꽃은 아름답다. 꽃은 스스로 아름다울 뿐 아니라 주변을 밝게 해주고 아름다운 분위기를 형성해준다. 이런 분위기에서 살면 자기도 모르게 순화가 되는 법이다. 영혼이 꽃의 아름다움에 감화되어 멈추어 바라보면 어느덧 꽃처럼 변해간다. 영혼이란 원래 그런 존재다. 감수성이 아주 예민하다. 험한 것을 보면 험해지고 아름다운 것을 보면 아름다워진다. 이로써 아름다운 운명도 만들어지는 법이다.

유럽에는 일찍이 신사의 교양과 미덕을 가르치는 '신사도'라는 것이 있었다. 아름다움을 추구하는 생활문화인데 특히 귀족들은 이런 문화를 몸에 익힌다. 그래서 사람이 귀해지고 아름다워지고 좋은 일도 생긴다. 우리나라의 양반문화도 이와 비슷하지만 권위 중심의 문화로 미를 추구하지는 않았다. 아름다움은 권위보다 소중한 것이다. 흔히 위대한 사람을 일컬을 때 아름답다고 말한다. 너무 위대한 것은 아름다운 법이다. 우리의 인생이 이렇기만 하다면 이는 완성을 뜻한다.

어떤 사람은 아름다움의 가치를 잘 모르고 산다. 참으로 세상을 모르고 사는 사람이라고 할 수 있을 것이다. 우주 대자연은 진화하는데 그 목표 지점은 다름 아닌 아름다움이다. 천국도 아름답고 낙원도 아름답다. 사람의 행복도 아름다움이다. 사람은 이런 성품을 반드시 갖춰야 한다. 자식도 아름답게 키우면 이미 행운을 키워준 것이 된다. 얼굴을 예쁘게 키우라는 것이 아니다. 마음을 아름답게 하라는 뜻이다.

노래 가사 중에 '사람이 꽃보다 아름다워'가 있는데, 정말로 사람이 꽃보다 아름다울 수만 있다면 얼마나 좋으랴. 사람은 꽃을 많이 보고 키워야 한다. 들판에 나가서 봐도 좋고 꽃 전시회를 가서 봐도 좋다. 집 안에서 꽃을 기르는 것도 좋다. 아름다움이란 일찍부터 습관을 들여야 영혼이 이를 받아들이는 법이다.

반드시 알아두어야 할 것이 있다. 아름다움은 약하다는 것과는 다르다. 아름다움은 무너지기 쉽지만 약한 것이 아름다운 것은 아니다. 부모의 마음은 아름답다. 그러나 약하지 않다. 아름다움의 힘은 위대하다.

❀ ❀ ❀

**"부모가 아름다움을 대수롭지 않게 여기고
눈앞에 보이는 실질만을 추구한다면
자식도 그런 사람으로 변하고
흉한 운명을 맞이하게 될 것이다."**

정의로운 아이로 키우라

어느 날 아이가 말했다. "엄마, 나 오늘 천 원 벌었어!" 무슨 얘기일까? 어디 가서 아르바이트를 하고 돈을 벌었다는 뜻일까? 알고 보니 물건을 샀는데 상점 주인이 거스름돈을 잘못 계산해서 천 원의 부당이득을 얻은 거였다.

어른들도 종종 이런 일을 겪는데 웃으면서 그냥 넘어간다. 쉽게 돈을 벌었으니 얼마나 좋은 일인가! 그러나 이런 일도 자주 반복되면 운을 나쁘게 한다. 특히 아이가 이런 요행을 즐긴다면 운에 큰 영향을 미친다. 아이는 세상을 정당하게 사는 법을 알아야 한다.

돈이 거저 생겼지만 이 돈은 주인에게 돌려줘야 마땅하다. 아이는 가게를 나오기도 전에 상점 주인이 계산을 잘못했다는 것을 눈치챘다. 그러나 모르는 척하고 돈을 받았고, 가게를 나와서는 잰걸음으로 집에 돌아왔다.

이런 일이야, 사소하다면 사소하다. 그러나 이런 사소한 일에 큰 운이 숨어 있다. 도둑질은 처음부터 남의 물건을 몰래 훔치는 것인데, 남의 실수를 틈타 이익을 챙긴다면 비겁한 짓이다.

도둑질은 법의 심판을 받는 나쁜 짓이다. 그러나 비겁한 짓은 운이 나빠진다는 뜻에서 도둑질보다 더 나쁠 수 있다. 천 원 정도가 아니라 주인이 만 원짜리를 천 원짜리로 착각하고 줬다면 이는 조금 다른 문제이다.

거리에서 한 여자가 두툼한 지갑을 떨어뜨렸다. 이 광경을 나도 보고 있었고, 내 앞에 걸어가던 사람도 보았다. 나는 당연히 내 앞에 걸어가던 사람이 그 여자에게 지갑을 건네줄 거라 생각했다. 그런데 이게 어찌 된 일인가. 그 사람은 지갑을 한번 보고 앞에 가는 여자를 보고 주변을 둘러보는 게 아닌가. 분명 여자와 주변 사람들이 모르길 바랐던 것이리라. 그는 결국 여자가 시야에서 사라질 때까지 기다렸다가 지갑을 챙겼다. 여자가 바로 택시를 잡아타고 가는 바람에 나도 알리지를 못했다. 굳이 그 사람에게 '왜 지갑을 몰래 줍느냐'고 따질 필요도 없었다. 이미 지나간 일, 내가 공연히 나서서 그 사람을 나무라면 크게 시비만 날 뿐이다. 어쩌면 그 사람이 지갑 속을 살펴보고 신분증을 찾아서 돌려줄 수도 있다. 결과와 상관없이 당장의 행동만 봐서는 분명 그는 비겁자였다.

비겁함이란 참 어려운 개념이다. 이를 쉽게 알려면 서양의 신사도를 생각하면 된다. 아름답지 못한 행위이다. 멋이 없다는 뜻이 아니라 하는 짓이 졸렬하다는 뜻이다. 떳떳하지 못하고 정의롭지 못한 행위이다.

이를 주역에서는 ䷑, 산풍고山風蠱 괘상이라고 한다. 운명이 무너진다는 뜻이다. 비겁한 행동은 운을 나쁘게 하는 행동으로 운명이 갑자기 나빠지게 된다. 비겁한 행동에 대해 간단히 정의하겠다. 쩨쩨하고 아름답지 못하고 얌체 같은 행위이다. 비겁함이 운명에 미치는 영향은 아주 참담하다. 비겁한 자는 운명이 나빠질 뿐 아니라 나쁜 운이 회복되지 않는다.

이는 큰일이다. 사람은 어쩌다 운이 나쁠 수도 있다. 그러나 이것이 회복되지 않는다면 더욱 큰일이 아닐 수 없다. 우리의 몸에 면역력이라는 것이 있는데, 이는 병이 났을 때 스스로 치료하는 능력을 말한다. 운명에도 이런 것이 있다. 떳떳하게 사는 사람들은 악운이 찾아와도 쉽게 벗어날 수 있다. 반면 비겁한 행동만 일삼는 사람은 악운에서 빠져나오기가 힘들다.

아이에게 비겁함의 개념에 대해 잘 설명하고 아이가 떳떳한 행동을 하도록 각별하게 주의를 줘야 한다. "얘야, 그건 비겁한 짓이야." 이 한마디가 아이의 운명을 변화시킨다. "죄인이 될지언정 비겁한 사람은 되지 말아라", "가난하게 살아도 비겁하면 안 된다", "세상에 몹쓸 짓이 많지만 비겁한 짓이 제일 나쁘다" 등을 가르쳐야 한다.

나는 아이들의 모습에서 비겁함을 볼 때가 종종 있다. 한숨이 나올 뿐이다. 운명이 나빠질 것이 뻔하기 때문이다. 부모는 아이가 그렇게 커 나가는 것을 아는지 모르겠다. 무조건 예쁘다고만 하면 아이는 잘못을 모르고 계속 비겁한 행동을 할 수도 있다. 칭찬할 때도 이유를 분명히 말해야 한다. 특히 실수에 대해서 야단칠 게 아니라 비겁한 행동에 대해서 더 크게 나무라야 한다.

❈ ❈ ❈

**"비겁한 행동을 하면 운명이 무너진다.
비겁한 자는 운명이 무너지는 것에서 그치지 않고
그 운도 회복하지 못한다."**

즐겁게 사는 사람에게 운이 찾아온다

인간은 왜 사는 것일까? 철학적 얘기를 하자는 것이 아니다. 인간을 포함하여 모든 생물이 사는 이유를 잠깐 살펴보자. 이들은 이유가 어떻든 사는 것이 재미있어 살고 있다고 봐야 한다. 그렇지 않다면 벌써 죽어버렸을 것이다. 삶이란 일단 재미있다. 특별한 입장에 처한 동물들은 사는 것이 힘들거나 재미없을 수 있다. 어떤 사람들은 사는 것이 싫어서 자살을 하기도 한다. 이런 사람은 빼고 얘기하자. 공자는 도를 깨닫기 위해 산다고 하고 종교인은 천국에 가기 위해 산다고 하는데 이런 사람 얘기도 빼고 넘어가자. 여기서는 아주 평범하고 쉬운 생각만 해보자. 누구나 생각하는 것을 말이다. 어렵지 않다.

모든 생물은 그저 재미있으려고 산다. 다만 인간은 '어떻게 하면 더 재미있을까'를 생각하는 존재이다. 잘 놀면 재미있고, 그러면 행복해진다. 인간은 일이라는 것을 하는데 이는 잘 놀기 위해서 하는 것뿐이다. 일을 해서 얻는 것은 결국 놀기 위한 에너지를 만드는 것이다. 동물은 이런 생각을 하기보다 우선 삶을 유지하기 위해 움직일 뿐이다. 인간이 한 수 위다. 인간은 재미있는 것을 개발하면서 역사를 만들고 이어간다.

더 재미있는 것은 무엇일까? 문명이 발달하면서 재미있는 것은 무수히 개발되고 있다. 그중 한 방법으로 취미가 있다. 그저 살기만 해도 재미있을 수 있지만, 취미가 있으면 즐거움에 자기 발전까지 할 수 있다. 취미는 인간 특유의 문화이다. 문화는 삶의 중요한 목표가 될 수 있다. 문화가 없다면 인간의 삶은 동물과 별반 다르지 않을 것이다. 다행히 인간은 문화적 동물로 취미를 즐길 수 있다. 음악, 미술, 시, 스포츠경기, 춤, 조각, 노래 등 인간의 생활은 취미이고 문화 그 자체이다.

취미는 다양하다. 잠자는 것이 취미라고 말하는 사람도 있는데, 잠은 취미가 될 수 없다. 또 맛있는 거 먹는 게 취미라는 사람도 있는데, 먹기도 취미가 될 수 없다. 먹고 자는 게 취미라면 삶이 무슨 의미가 있겠는가. 인간의 삶이란 좀 더 의미있는 문화적 활동이 필요하다.

그런데 어떤 사람은 취미가 무슨 필요가 있느냐고 말하기도 한다. 할 일이 얼마나 많은데, 한가하게 취미 타령이냐는 말이다. 이는 틀린 말이다. 삶이란 재미가 있어야 한다. 그런데 일이란 재미를 주는 존재가 아니다. 삶을 위해 필요한 수단이지, 인간이 일을 위해 존재할 수는 없기 때문이다.

인간은 자유가 있어야 하고 또한 취미가 있어야 한다. 어릴 적, 지금은 존재하지 않는 양반 행세를 하는 사람을 본 적이 있다. 동네 할머니였는데, 양반이라서 그런지 아침 일찍 일어나 몸단장하고 방에 우두커니 앉아 있기만 했다. 주변 사람들이 취미 삼아 동네 산책을 하시라고 말해도, 취미라는 것은 상놈들이나 하는 짓이라고 말했다. 집 밖 세상에서 일어나는 일에는 관심도 없고 TV도 보지 않았다.

나는 어려서 이 할머니의 의젓한(?) 자세를 종종 구경하곤 했다. 재미없고 심심하기 그지없었다. 삶이란 이렇게 재미없어야 하는가? 절대 아니다. 신분이 무엇이든 취미가 있어야 한다. 여기서 중요한 것은 취미란 자신이 좋아서 하는 것이라고는 해도, 의미가 있어야 한다. 어떤 사람은 등산이 취미라고 말한다. 등산은 좋은 취미이다. 산을 오르며 건강도 기르고 의지도 키우기 때문이다. 그리고 등산은 재미있다. 노래하는 취미도 괜찮다. 거기에는 흥이 있고 아름다움이 있지 않은가!

취미란 의미가 있어야 하고 정열이 있어야 하며 인간적 가치가 있어야 한다. 책을 읽는 취미는 그 속에 배움이 있으니 아주 좋은 취미라고 할 수 있다. 스포츠도 좋다. 무엇이든 상관없지만 피해야 할 취미도 있다. 남을 해쳐서는 안 되는 범위 내에서 이루어져야 한다. 남이 괴로워하는 모습을 보는 것이 취미라는 사람이 있는데(실제로 있다) 이런 사람은 어떻게 해야 할까? 절대 용서해서도 안 되고 벌을 주어야 한다.

취미가 없다는 것은 삶의 의지가 박약하다는 뜻이다. 인간답지 못한 것이다. 사는 것이 재미없다면 왜 태어났을까? 일이 잘 안 풀려서 그렇게 된 것뿐이라고? 이는 수습하면 된다. 취미마저 상실하면 운명은 끝장난다. 취미가 없는 아이에게는 반드시 취미를 만들어줘야 한다.

자식을 키울 때 아이가 무엇에 관심을 갖고 있는지 살펴야 한다. 일부러 만들어주는 것은 취미가 아니다. 취미는 스스로 좋아서 만들어내는 기술이다. 취미란 삶의 가치를 발견하게 해주는 도구이다. 취미가 없다면 이 아이에게 좋은 운은 기대할 수가 없다.

하늘은 스스로 돕는 자를 돕는다고 하였다. 취미란 자신을 돕는 가장 좋은 방법이다. 부모가 취미가 없으면 자식도 취미가 없을 확률이 높다. 부모부터 갖춰야 함은 물론이다. 부모와 자식이 취미가 같을 수는 없다. 하지만 취미가 없다면 이는 정말 큰일 중의 큰일이다. 세상에 어떤 일보다 먼저 이를 고쳐야 한다. 인생을 행복하게 살아야 한다. 부모는 아이들이 행복하게 살기를 바란다. 하늘도 인간이 즐겁게 사는 것을 바랄 것이다.

❀ ❀ ❀

"취미란 자신을 돕는 가장 좋은 방법이다.
부모와 자식이 같은 취미를 공유하면 더욱 좋다.
부모는 아이가 취미를 가질 수 있도록 도와줘야 한다."

남을 존경해야 나도 존경받는 사람이 된다

J는 사람을 깔보는 버릇이 있다. 누구를 미워하는 것은 아니고 항상 비웃는다. 그렇다고 특별히 잘나지도 않았다. 자신도 그것을 인정하지만 남을 깔보는 버릇은 고치지 못한다. 누가 잘나가는 사람 이야기를 하면 그는 이렇게 말한다. "그 사람이 뭐 별거 있겠어! 돈이나 좀 있는 것뿐이지." 공부를 잘하는 사람에 대해서는 이렇게 말한다. "공부가 뭐 별거야. 책 좀 잘 읽는다는 것이지." 누가 능력이 있는 사람을 얘기하면 "그 사람이 그걸 해낼 수 있겠어?"라고 부정적으로 말한다.

J에게는 존경심이란 찾아볼 수 없고 세상에 자신보다 잘난 사람은 없다. 역사적으로 위대한 사람을 얘기해도 어쩌다 위인이 된 것이라는 식이다. 세종대왕을 얘기하든 이순신 장군

을 얘기하든 J는 무조건 폄하한다. "세종대왕이 한글을 만든 게 아니고 그 신하들이 만든 거야." 이순신 장군에 대해서는 "실은 역적이라고 평가를 받던데"라고 말한다.

한번은 J의 아버지에 대해 물어봤다. 그는 이렇게 대답했다. "별 볼 일 없는 사람이야. 그저 남들처럼 살았지." J는 어쩌다 다른 사람을 인정하지 않게 되었을까? 이 사람은 배신을 일삼는 사람이라서 주변에 사람이 없다. 그래도 항상 "그깟 놈 뭐 대단하겠어!"라는 말을 입에 달고 산다. 그의 선배가 물어봤다. "너는 어째 사람에 대해 존경심이 없어?" 그랬더니 J는 대답한다. "사람은 다 같은 법인데 왜 존경해? 존경하는 놈이 이상한 거지!" 과연 그럴까?

세상에는 위대한 사람이 많다. 그런 사람들을 보거나 얘기를 들으면 우리는 존경심을 갖게 된다. 그리고 그 사람을 본받고 싶은 마음이 생긴다. 사람이란 사람을 보고 배우는 것이고 사람을 존경하는 데서 분발하게 되어 있다. J는 단 한 번도 위대해 본 적이 없다. 그래서 남을 존경한다는 것의 뜻을 모른다.

사람은 누구나 위대할 때가 있는 법이다. 아주 위대하지는 않더라도 자랑스러웠던 경우는 있다. J는 그런 적이 없다. 자기 자신이 그런 사람이기 때문에 남도 그런 줄 안다. 인간이 그토록 위대해질 수 없다는 것은 스스로 해봐서 잘 안다는 뜻이다. 차라리 우스운 일이다. 인간이란 만물의 영장이고 인생에서 아주 큰 일을 하고 또한 존경받을 수 있는 존재이다. J는 그런 사람이 아니다. 상상조차 못한다. 사람은 그저 평등하다는데 평등은 이런 데 쓰는 단어가 아니다.

사람의 겉모습은 비슷하다. 그러나 그 내면의 세계는 무한한 차이가 있는 법이다. 인간이 얼마나 위대한가! 세상에는 존경할 만한 사람이 가득하다. 나도 어려서는 이 사실을 인정하지 않았다. "인간은 참으로 위대하구나." 철이 들고서야 이 사실을 인정했다. 인류가 위대하다는 것이 기뻤고 위대한 사람을 본받아야 한다는 생각에 힘이 났다.

스스로가 존경받을 만한 사람이 되어간다면 남도 나를 존경하게 되는 법이다. 남을 존경하지 못하는 사람은 결코 존경받을 수 있는 사람이 못 된다. 사람은 존경할 수 있는 만큼 존경받는 사람이 되어간다. 그래서 자신이 위대해지고 싶으면 제일 먼저 존경이란 것부터 배워야 한다. 앞서 귀한 사람에 대해서 얘기한 바 있다. 어떻게 해야 귀한 사람이 되는가? 그것은 간단하다. 남을 존경할 줄 아는 사람이 귀한 법이다.

천박한 아이들은 존경심이 없고 나중에 커서도 존경을 받지 못한다. 이른바 천한 사람이 된다. 천한 아이들은 척 보면 알 수 있는데 타인에 대한 존경심이 없다. 누구를 존경한다는 것에는 많은 힘이 있다. 이는 남에게 굴복했다는 뜻이 아니라 그에게 다가간다는 뜻이다. 명품 옷을 입힌다고 아이가 귀하게 되는 것이 아니다. 오로지 존경심이다. 존경심 없이 자란 아이가 커서 불효자가 될 것은 자명한 이치이다. 그리고 사회에 나가 존경받을 만한 위치에 가보지 못하게 될 것이다.

남을 깔보는 순간 자신도 모르게 조금씩 어리석고 천박한 사람이 되어간다. 반면 남을 존경하는 순간 자신도 모르게 존경받는 사람으로 변해간다. 영혼을 흔히 거울에 비유하는데 남을 존경하지 못하는 사람은 세상이 우습게 보일 터, 영혼은 이를 스스로에게 반사시킨다. 존경심이 없는 사람은 하늘도 그를 귀히 여기지 않는다. 아이가 공부를 잘해서 자긍심을 갖는 것은 좋다. 하지만 남을 깔봐서는 안 되는 법이다. "벼는 익을수록 고개를 숙인다"는 우리나라 속담이 있는데 이는 훌륭한 아이가 남을 더 훌륭하게 여긴다는 말이다.

아이가 귀한가 아닌가는 존경하는지 안 하는지를 보면 쉽게 알 수 있다. 아이를 점점 귀하게 키워 마침내 귀한 인생을 맞이하게 하려면 존경심밖에 없다. 존경심이 있는 아이는 지금 현재 남보다 뒤떨어졌어도 반드시 따라잡을 수 있다. 반면 존경심이 없는 아이는 지금 좀 잘 풀린다고 해도 오래가지 못한다. 자식을 잘 관찰해야 하며 아이에게 부모 또한 다른 사람을 인정하고 존경하는 태도를 보여줘야 한다.

어떤 유명한 교육자는 말했다. "실제로 현재 존경받고 있는 사람보다 누구를 존경할 줄 아는 사람이 더욱 위대하다." 존경심에는 끝이 없다. 이를 행할 수 있다면 살아 있는 동안 계속 발전할 것이다.

❀ ❀ ❀

**"아이가 귀한가 아닌가는 존경하는지
안 하는지를 보면 알 수 있다.
아이를 귀하게 키우려면 서로 존경해야 한다."**

겸손한 사람에게 친구가 모인다

오래전 고등학교 동창회에 갔다. 오랜만에 동창들을 만나서인 지 옛날 생각도 나고 재미있었다. 서로 추억을 공유하며 화기 애애한 분위기가 이어졌다. 30년이나 지난 일인데도 그때의 일들을 다 기억하고 있어 신기하기도 했다. 주고받았던 말 하 나하나가 마치 어제의 일처럼 생생히 기억났다.

동창회가 무르익어 가며 뜻밖의 사실을 알게 되었다. 한 친 구가 이제야 솔직히 말하는데 하며 이야기를 꺼냈다.

"사실 학교 다닐 때 너 별로 안 좋아했어. 오늘 보니까 제법 어른스러워졌다."

친구의 말을 웃고 넘겼는데, 또 한 친구가 말을 꺼냈다.

"그러게 너 많이 변했다. 오늘은 얘기가 정말 잘 통하는데?"

잠시 후 옆에서 듣고 있던 친구도 말을 보탰다.

"야, 너 오늘부터는 내 친구야. 예전엔 너랑 말도 하기 싫었는데…."

이 무슨 청천벽력인가! 나는 그 세 친구를 특히 좋아했던 터라 충격을 받았다. 나의 얼굴에는 웃음기가 사라졌고 학창시절의 내 모습을 더듬어 보았다. 그런데 잠시 후 또 다른 친구가 다가와서 말했다.

"너, 지금 보니 괜찮은 친구야. 예전에는 왜 몰랐을까."

기가 막힐 일이었다. 많은 친구들이 나를 그렇게 평가해왔다니! 알고 보니 나를 싫어했던 친구가 더 많았다. 요즘 말로 왕따였던 것이다. 상대하기 싫은 아이! 내 기억 속의 나는 친구들과 잘 어울리고 꽤 괜찮은 사람이었는데, 혼자만의 착각이었다. 나는 기피의 대상이었다.

나는 그들에게 물어봤다.

"솔직히 얘기해줘. 당시 나는 어떤 친구였니?"

친구들은 이제는 별일 아니라는 듯 웃으며 얘기해주었다.

"너는 지독하게 이기적이었어. 그리고 가벼웠지. 아무튼 너는 멋이 없었어."

나는 이 말을 듣고 애써 웃었지만, 속으로는 큰 충격을 받았다. 내가 그런 아이였다니…. 나는 그들의 말을 액면 그대로 받아들였다. 오랜 세월이 지났는데도 그토록 생생하게 기억하며 말하는 것은 당시 친구들 사이에서 내가 아주 별 볼 일 없는 아이였음이 분명했다.

동창회가 있은 후 얼마 지나지 않아 직장에 다니게 되었다. 직장에 다니다 보니 여러 사람들과 어울리는 일도 많아지고 친한 사람도 생겼다. 그중 친하게 지낸 선배가 있었는데, 어느 날 그가 긴히 할 얘기가 있다며 나를 불렀다.

"이곳(직장)에는 어른들이 많아!"

처음에는 뜻을 몰랐지만 금방 알아차렸다. 내가 좀 건방지다는 뜻이었다. 아, 나는 이때 깨달았다. 동창회 이후 그토록 반성했는데 아직도 제자리걸음이었다. 동창생들이 나를 싫어했던 이유가 바로 이기적이고 잘난 척해서였는데 여전했다. 그동안 고쳤다고 생각했는데 여전히 잘난 척하고 있었다. 직장 선배는 말했다.

"여기는 모두가 전문가들이야! 말조심해야 해."

그 순간 나의 단점이 무엇인지 확실히 깨달았다. '나는 알지만 너는 모를 것이다', '너보다 내가 많이 안다'는 생각이 여전히 마음속에 남아 있었다. 회사에서도 상대의 의견은 듣지도 않고 내 말을 하기에 급급했다. 가르치려고만 했다. 겨우 상식

수준의 지식이나 있으면서 전문가들을 가르치려 했다. 동창들이 지적했던 그 단점을 고치려 노력도 하지 않았다는 사실에 부끄러웠다.

나는 이후 겨우 내 잘못을 고쳤다. 아니 어쩌면 나는 교묘하게 잘난 척하는 방법을 터득했는지도 모른다. 속으로는 항상 '나는 너보다 잘났어', '너보다 많이 알아', '너는 모르잖아', '너는 못났어'라고 생각하고 있는 것은 아닐까! 나는 이 때문에 많은 사람과 사귀지 못했다. 지금도 고치고 또 고치면서 살아가는 중이다.

우리는 자식이 잘난 척을 하는지 친구가 많은지 예의 주시해야 한다. 친구가 많다는 것은 아이의 단점이 그만큼 적다는 뜻이다. 반면 친구가 없다면 아이가 이기적이고 잘난 척한다는 뜻이다. 잘난 척하는 아이는 장차 남보다 아는 것이 적어진다. 그리고 이기적인 아이는 재수가 없다. 모든 사람이 적이 되기 때문이다. 하늘도 이런 아이를 도우려 하지 않는다.

대자연의 섭리는 공익公益이다. 인간이 서로 이익을 주며 살아야 한다는 것이다. 이것을 두고 화합이라고 말한다.

공자는 "소인동이불화小人同而不和"라고 말했다. 이는 소인배는 남과 함께 있어도 화합을 하지 못한다는 뜻이다. 인간끼리의 화합은 세상의 모든 인격 중에서 가장 먼저 익혀야 하는 것이다. 비록 천지 대자연의 이치를 널리 깨우쳤다 하더라도 인간과 화합할 줄 모르면 아직 덜된 사람이다.

우리 아이가 사람과 화합을 잘하는지, 친구가 많은지, 친구 간에 평이 어떠한지 수시로 물어봐야 한다. 만약 아이가 "전 상관 안 해요"라고 대답한다면 크게 야단치고 가르쳐야 한다. 인간을 중시하는 것이 얼마나 중요한지 깨닫게 해줘야 한다.

❈ ❈ ❈

**"남을 중시해야 나도 귀해지는 법이다.
종종 아이의 친구들을 불러 함께 놀게 하라.
내 아이가 친구들 사이에서 어떤 평을 받는지,
친구를 어떻게 대하는지 잘 관찰해봐야 한다."**

남의 이야기에 귀를 기울이라

공자는 배우기를 좋아하고 가르치기를 게을리하지 않았다. 사람을 가르치는 것은 세상에 나서 인간이 해야 할 가장 중요한 두 가지 실행목표이다. 첫 번째는 자기발전이다. 그리고 두 번째는 발전된 자기를 남에게까지 이르게 하는 것이다.

사람은 궁극적으로는 강하고 위대해지려고 하는데, 그러려면 총명함이 필요하다. 총명은 철학의 목표이며 교육의 목표이기도 하다. 인간은 동물보다 총명하다. 총명함은 짐승과 사람의 차이를 구분하는 절대적인 조건이기도 하다. '총명하다'를 다른 말로 하면 '지혜롭다'로 바꿀 수 있다. 속된 말로 머리가 좋다는 뜻이다. 아이를 총명하게 키우려면 어떻게 해야 할까?

총명함을 갖기란 매우 어려운 일이다. 이것을 갖추려면 수많은 노력이 필요하다. 여기서 중요한 것은 무조건 노력한다고 총명이 길러지는 것은 아니라는 점이다. 총명함을 기르기 위해서 좀 더 똑똑한 방법이 필요하다.

총명은 반드시 거쳐야 하는 단계가 있다. 이 과정을 거치지 않으면 총명에 도달하기 쉽지 않다. 부모들은 아이가 총명하기를 바란 나머지 공부를 많이 시킨다. 좋은 방법이기는 하다. 그러나 갖출 것이 있다. 바로 집중력이다. 집중력? 그것이 무엇인지 실례를 들어가며 얘기하자.

가령 가족이 모여서 얘기를 하고 있다고 하자. 어른이 얘기하고 아이는 듣는다. 대부분의 대화는 어른들끼리 이루어진다. 그래서 아이들은 어른이 얘기할 때 주의를 기울이지 않는다. 어떤 때는 어른이 얘기하는데 아이들은 마음대로 행동하면서 대화의 분위기를 혼란스럽게 만들기도 한다. 아이는 원래 그런 존재이고 가정 내에서 대화는 아이를 배제한 채 이루어지는 경우가 많다.

이는 안 될 일이다. 아이에게 중요한 교육의 기회를 놓치고 있는 것이기 때문이다. 대화의 주제가 아이와 직접 관계가 없어도 대화에 참여하게 하는 것이 좋다. "○○아, 너도 여기 앉아서 들어보렴." 중요한 것은 대화의 내용이 아니라 함께 참여해서 대화에 집중하는 것이다. 사람이 말을 하면 흥미에 상관없이 집중해 들어야 한다. '집중해 듣고, 대화에 참여하기.' 이것이야말로 사람을 총명하게 하는 최우선 방법이다.

책을 많이 읽어도 총명해진다. 그러나 다른 사람의 말을 듣는 것보다는 효과가 없다. 학교 다닐 때, 선생님이 수업에 집중하라고 하는 이유도 이 때문이다. 수업시간에 다른 생각을 하거나, 다 아는 거라며 안 듣고 딴짓하는 행위는 좋지 않다. 부모나 어른이 말할 때 중간에 끼어들어서 자기 이야기를 하려고 할 때는 "잠깐 기다려, 말 끝나면 하렴" 하고 아이에게 말을 멈추게 해야 한다.

어떤 아이가 있었다. 이 아이는 어른이 얘기하면 꼭 딴짓을 했다. "얘, 너 뭐 하니. 아빠가 얘기하고 있잖아" 하며 나무라자, 아이가 "듣고 있었어요" 하며 심드렁하게 대꾸했다. 이런 아이의 태도는 잘못된 것이다. 남의 이야기를 듣는 것도 중요하지만, 들을 때는 태도도 중요하다.

그리고 아이가 이야기를 잘 듣는지 확인하기 위해 가끔 질문을 던지는 것도 좋다. 아니면 아이가 자기와 관련된 이야기가 나오면 "네, 저와 관련된 이야기네요" 하며 참여하게 하는 것도 필요하다. 대답할 기회가 오면 대답을 하고, 듣고 있다가

맞장구를 쳐야 한다. 사람의 대화는 귀로만 듣는 게 아니라 몸 전체로 듣고 반응해야 한다. 그래야 총명해질 수 있다.

인간은 집중할 때 다른 영혼과 소통한다. 음악에서 말하는 하모니가 이루어지는 것이다. 집중하는 것만으로도 다른 영혼의 기운이 나에게 흘러들어온다. 사람의 말을 듣는 것은 어떤 내용이나 정보를 얻기 위함이 아니다. 영혼과의 만남이다.

다시 말해, 총명은 다름 아닌 소통과 조화로 집중을 통해 비로소 이루어진다. 세상의 총명한 사람들은 어디를 가든 누구와 대화를 나누든 좋은 분위기를 만들어낸다. 이는 조화를 중시한 성인의 가르침이다.

❀ ❀ ❀

**"총명은 귀 밝을 총聰, 밝을 명明이다.
잘 듣고 잘 봐야 소통할 수 있다.
'얘들아, 모여라'라고 대화를 시작하고
아이들에게 듣게 하는 것만으로도 좋은 교육이다.
운이란 다른 영혼과 소통할 때 비로소 살아난다."**

세상 모든 일에는 운의 힘이 작용한다

인생은 운으로부터 시작한다. 부모 자식이 정해진 것도 운이
고 우리나라에서 태어난 것도 운이며 태어난 환경도 운이다.
어떤 사람은 부모가 재정적으로 여유가 있어 생의 첫 시작을
좋은 여건에서 맞이할 수도 있고, 어떤 사람은 불리한 여건에
서 맞이할 수도 있다. 이 또한 운이니 운을 탓할 수도 없다. 이
제부터 잘하면 그만이다. 다행히도 운이란 작은 원인에 의해
크게 바뀌는 법이니 금방 바뀔 수 있다. 가난한 사람이 갑자기
부자가 될 수도 있다는 뜻이다.

어떤 사람은 쉽게 몰락하기도 한다. 운은 카오스이기 때문
이다. 카오스를 조금만 설명하고 넘어가자. 현대과학이 밝혀
낸 과학적 진실인데 어떤 사람이 하품을 한 번 하면 이것이

원인이 되어 바다 건너에 태풍이 불 수도 있다. 과학적 용어로 카오스는 초기 조건에 민감하다. 우주의 물질현상은 작은 것에서 큰 것으로 순식간에 확산한다. 우리의 우주도 처음엔 좁쌀처럼 작은 알갱이에서 출발했다. 이것이 1초도 안 되어 오늘날 우주를 만든 것이다. 카오스 현상에 대해서는 관련 도서들을 보면 좀 더 이해가 쉬울 것이다.

세상일은 민감한 법이다. 운전자가 0.1초 실수하는 바람에 한 가문이 망할 수도 있다. 바늘 하나가 사람을 순식간에 죽일 수도 있다. 그런데 영혼은 이보다 훨씬 더 민감하다. 누군가를 보고 한번 비웃었다고 이로써 평생이 망가지는 경우도 있고, 부모가 한순간 자식에게 관심을 두지 않아 훗날 운이 계속 나빠지기도 한다. 세상은 카오스 현상으로 서로 연결되어 있고 미래는 영혼의 민감성 때문에 아슬아슬하기 그지없다. 그런데도 사람들은 태연히 눈앞의 일에만 집중하며 살아가고 있다.

운은 물질사회의 커다란 행동보다 미래에 더 큰 영향을 미치는 현상이다. 행동이 미래의 운을 만든다는 것은 앞에서 여러 차례 강조했다. 여기서는 그것의 민감성을 얘기하는 중이다. 운은 티끌 모아 태산이 아니고 그저 먼지 하나 같은 작은 일이 곧바로 엄청난 파장을 일으키는 것이다. 카오스 중의 카오스라고 할 수 있다. 자식을 기르는 것은 아주 민감하기 때문에 무섭기조차 하다. 하루하루가 먼 훗날 자식에게 운을 가져다준다는 사실을 절대 잊어서는 안 된다.

세상은 우연히 만들어진 것도 아니고 앞으로도 우연에 의해 정해지지 않는다. 물론 세상에 우연이란 현상도 있긴 하다. 먼지가 어디로 날아갈지, 사람의 마음이 어떻게 변할지, 바람이 어떻게 불지는 완전히 우연일 뿐이다. 세상은 우연과 운의 합작으로 만들어지는 작품이라고 보면 된다. 가위바위보는 우연이다. 하지만 이것이 아주 중요한 추첨 방식일 때는 우연에 운이 작용하는 것이다. 우연을 밖에서 지배하는 것이 바로 운이다.

부자가 주식에 잘못 투자해서 손해를 보는 것은 흔히 일어나는 우연이다. 하지만 그 때문에 재벌이 무너졌다면 이는 운일 수밖에 없다. 작은 것은 우연이다. 하지만 이것이 큰 것과 연관이 되어 있을 때는 운이다. 운과 우연을 잘 구분해야 한다. 바둑에 이런 얘기가 있다. "운칠기삼運七技三." 바둑처럼 실력을 다투는 게임에서도 운이 작용한다는 뜻이다. 실력 있는 아이가 운 때문에 대학입시에 떨어질 수도 있고, 강자라 불리던 스포츠선수가 약자로 알려진 선수에게 지는 경우도 있는 법이다.

그렇다면 부모는 아이에게 운을 어떻게 설명하는 게 좋을까?

첫째, 부모는 아이들에게 세상일은 우연도 아니고 실력만으로도 되지 않는다는 것을 주지시켜야 한다. 열심히 실력을 키우는 것은 우선적이다. 하지만 착한(?) 마음을 갖지 않으면 시험날 나쁜 운이 작용할 수도 있다는 것을 주지시켜야 한다. 아이가 오로지 운만을 따지고 실력 향상에 소홀히 한다면 이는 근본이 잘못된 것이다. 반드시 나쁜 운이 초래하게 된다.

실제로 어떤 사람이 있었다. 이 사람은 운을 너무 신봉한 나머지 오로지 운 기르기에만 신경 썼다. 참으로 잘못된 행위이다. 열심히 일하면서 운을 생각해야 한다. 열심히 하지 않으면 그 자체가 이미 나쁜 운을 부르고 있는 것이다.

어떤 사람들은 실력만 있으면 된다고 말하는데, 운이 없으면 반드시 망하고 만다. 운도 실은 실력이다. 오히려 운을 만드는 실력은 실제 실력보다 더 중요한 경우가 많다. 공자가 "군자는 천명을 두려워한다"고 말한 이유는 이런 뜻에서다.

둘째, 아이에게 겸손해야 한다고 말해주어야 한다. 아이가 공부는 잘하는데 자만심이 너무 높다면 이 또한 위험하다. 경건한 마음으로 공부해야 한다고 일러 주어야 한다. 겸손과 경건한 마음은 미래를 불행해지지 않게 하는 힘이 있다. 이 두 가지 힘이 합쳐지면 작품이 완성된다.

셋째, 아이가 평소 운을 대수롭지 않게 여긴다면 당장 고쳐 줘야 한다. 실력과 운은 함께 가는 것임을 알려줘야 한다. 실력 기르기도 바쁜데 운까지 걱정해야 하다니, 세상일은 참 쉽지가 않다. 나쁜 운이란 나쁜 마음이 지속될 때 생기는 법이다. 잠시 실수했다고 갑자기 운이 나빠지는 것은 아니다. 대수롭지 않게 여기는 아이의 마음에 운이 왜 중요한지 알려주고, 나쁜 운이 오지 않도록 평소 조심하게 만들어야 한다.

아이가 운이 좋기를 바란다면, 조용히 조심히 키워야 한다. 이것이 수준 높은 사랑이다. 하지만 운의 움직임은 신경도 안 쓰고 실력이나 쌓으라며 이것저것 시키고 부모가 운을 무시하면 아이의 운이 좋을 리 없다. 부모와 아이 모두 운을 중요시하며 조심하고 또 조심해야 한다.

❀ ❀ ❀

"선인들은 절벽 위에 선 듯하고 살얼음을 밟듯이 하라고 했다.
지나치게 까불대고 잘난 척하는 아이는 넘어지게 마련이다.
얘야, 얘야, 조심해야 해. 얘야 겸손해야 해.
이 말을 아이에게 항상 들려주어야 한다."

좋은 운을
아이의 것으로
끌어들이는 방법

부모는 아이의 등대가 되어주어야 한다.
제대로 길을 찾아가는 것은 아이의 몫이다.
더디더라도 영혼은 어떻게든 방법을 찾아내
아이에게 길을 알려줄 것이다.

4
장

너무 웃는 아이는 인생도 우습게 안다

"소가 지나가도 못 본다"는 뻔한 것도 못 보는 것을 풍자한 말이다. 나는 이 말을 많은 부모들이 자식들의 진정한 모습을 보지 못하는 데에 비유하고 싶다. 부모들은 누구나 자식을 사랑한다. 그러나 아이들이 잘못되어 가고 있는 것을 보지 못한다. 그 이유는 자식의 장점을 기르는 데만 집중하고 있어서이다. 그리고 단점이란 장점보다 잘 안 보이는 법이다. 하지만 단점 하나가 장점 열 개를 무용화시킨다는 것을 생각할 때 단점을 찾는 데 주력해야 한다.

누구나 알듯이 교육이란 무엇인가 길러주는 것이다. 맞는 얘기이다. 교육에는 그 못지않게 단점을 고쳐주는 것이 시급할 때가 있다. 마치 인체에 잠재되어 있는 질병을 찾아내는 것처럼 말이다. 아이의 단점은 내버려두면 그것이 점점 커지다가 언젠가는 불운을 일으킨다.

여기서는 아이들이 고쳐야 할 아주 시급한 것 한 가지를 고찰해보겠다. 시급하다고 표현한 것은 그것이 고쳐지지 않으면 모처럼 만들어진 장점들이 하나둘씩 파괴되어 나가기 때문이다. 그래서 교육이란 단점을 먼저 고쳐주면서 장점을 키워줘야 한다.

어떤 때는 단점을 고치기만 해도 장점은 스스로 자라나기도 한다. 학교교육은 장점, 즉 필요한 공부에 주안점을 두고 있다. 그러나 가정교육은 이래서는 안 된다. 반드시 치명적 단점이 있는가를 가장 먼저 살펴 가면서 장점은 여유를 가지고 천천히 키워줘도 된다.

아이를 불행하게 만들 단점 하나를 얘기해보자. 나는 운명 전문가로서 사람들의 불행을 자주 보기도 하고, 불행해지는 것을 지켜보기도 한다. 불행의 늪에 이미 빠져버린 모습을 보면 너무나도 가슴이 아프다. 이보다 더 마음이 아픈 것은 불행인 줄 알면서도 불행의 늪으로 발을 내딛는 아이를 보는 것이다. 이런 아이들은 미래에 반드시 액운을 맞이하게 된다.

웃음에 대해 얘기해보자. 웃음이 유난히 많거나 항상 실실

대는 아이가 있다. 먼저 알아두어야 할 것은 '웃음이란 도대체 무엇이냐?'이다. 많은 심리의학자들이 웃음에 대한 연구를 해서 이미 결론은 나 있다. 웃음이란 정의 내리기 매우 어렵지만 웃는 사람의 공통점을 보면, 웃음은 무서움을 느끼지 않을 때 나온다.

사실이 그렇다. 웃을 때 그들의 마음속에 무서움이란 없다. 실로 웃음은 무서움의 반대말이다. 물론 무섭지 않다고 해서 항상 웃는 것은 아니다. 하나를 더 생각해보자. 웃음이란 재미있고 심각하지 않을 때 나오는 생리적 반응이다. 우리는 여기서 심각함이 없는 행위에 대해서만 주의를 기울여보자.

사람이 심각하지 않으면 마음속에 진지함이 없어지고 그 순간 태만하거나 오만해지며 장점을 생각할 겨를이 없어지는 법이다. 아주 재수 없는 일인 것이다. 아이가 이 버릇 하나를 고치지 못하고 평생을 살아간다면 불행의 씨앗을 품고 살아가는 것이 된다. 웃음은 집중력을 훼손시키고 그 순간 중요한 일을 망각하게 한다.

의학적으로는 웃음이 뇌의 석회질을 증가시켜 빨리 늙게 하는 원인이 되기도 한다. 분명 좋은 행위는 아니다. 물론 웃음이 지나친 경우를 말한다. 스트레스를 해소하고 공포를 멀리 해준다는 점에서 웃음은 필요하다. 그러나 웃음이 헤플 때는 문제가 이만저만이 아니다.

주역에서는 웃음의 순간을 풍수환風水渙이라고 하는데, 웃음으로 무엇인가 파괴되고 있다는 뜻이다. 굳이 주역의 괘상을 빌려서 얘기하는 것은 뜻을 더욱 분명하게 하기 위함이다. 풍수환은 그릇이 뒤집혀 물이 사방으로 흩어지는 것을 표현한 것인데, 웃음이 바로 그것이다.

웃음은 사물을 아무것도 아니게 만든다. 그래서 영혼은 무방비상태가 된다. 이 순간 불행은 싹트게 된다. 악마가 잠입한다. 사람은 혼 줄을 잘 잡고 있어야 한다. 이것은 말을 잡고 있을 때 고삐를 잡고 있는 것이고, 자동차를 몰고 있을 때 운전대를 잡고 있는 것에 해당된다. 이를 놓치고 있다면 무서운 일이 발생할 수밖에 없다.

나는 어떤 사람을 봤는데 그는 대화 도중 항상 웃었다. 5시간 동안 30초 간격으로 수백 번이나 웃음을 터트렸다. 무엇이 그리 우스운가? 웃음이란 중독성이 있다.

실제로 있었던 어떤 사건을 얘기해보자. 인도의 어느 마을에서 일어난 일이다. 교실에서 한 아이가 갑자기 웃었다. 이를 보고 누군가 따라 웃었다. 웃음이란 전염성이 강해 교실 전체가 웃기 시작했다. 옆으로 옆으로 웃음이 이어지더니 교실 안 모든 아이들이 웃음을 멈출 수 없게 되었다. 웃음은 멈추지 않고 이웃 교실로 퍼져나갔다. 마침내는 학교 전체가 웃음바다가 되었다. 여기서 멈추지 않고 웃음은 학교 밖으로 퍼지기 시작했다. 이 웃음 현상은 학교 주변으로 널리 확장해 나갔다. 인도 당국도 이 사건을 알게 되었고 즉시 심각성을 인지하게 되었다. 당국은 전문가를 앞세워 웃음 바이러스를 진압하기 위해 애를 썼다. 결국 군대까지 동원해 그 마을을 폐쇄해버렸다. 자칫했으면 나라 전체로 퍼졌을지도 모른다.

웃음이란 이런 현상도 만들어낸다. 영혼을 멍한 상태로 만들어 운명을 관리할 능력을 상실하게 한다. 이 순간 악마들이 활개를 친다. 영혼이란 먼 미래까지 살펴보고 있어야 하는데 웃음은 원거리를 살피는 기능을 정지시킨다. 이로써 불운은 만들어지고 그것이 폭발할 때를 기다린다.

나는 또 이런 사람을 본 적이 있었다. 그 사람을 처음 봤는데 재미있는 얘기를 해서 한참 웃었다. 그 사람은 우스운 얘기를 계속했다. 나는 그 사람을 열 번 이상 만났는데, 그는 한 번도 웃기지 않은 적이 없었다.

그런데 세상에는 이런 사람이 아주 많다. 내 주변을 봐도 아주 많다. 이들은 어려서부터 남을 웃기고 자신도 웃는 버릇을

유지해온 것이다. 웃음은 자신의 미래 운명에게까지 영향을
미친다. 즉 자신의 미래에게 항상 웃고만 사는 존재가 되라고
당부한다는 뜻이다. 영혼이란 웃고 지내면 편한 법이다. 악마
는 이 순간을 노려 풍수환에 이르게 한다.

❀ ❀ ❀

"내 자식이 계속 웃는지, 계속 사람들을 웃기는지,
우스운 일 말고는 관심 있는 게 없는지 등
유심히 살펴야 한다. 이는 매우 중요하고 시급한 일이다.
웃음으로 인해 영혼이 병들어 있는지를 살펴야 한다."

아이를 걷게 하라

어느 한 의사가 이런 말을 했다. "걸으면 살고 누우면 죽는다." 지극히 당연한 얘기이다. 누워만 있으면 기력이 점점 약해지고 의욕도 상실하는 법이다. 그러나 열심히 걸으면 운동이 되어 몸은 회복되게 되어 있다. 걷는 것만 한 운동이 없다고 하는데 이 또한 옳은 얘기라고 생각한다. 걷는 것은 가장 쉬운 운동이다. 지겹지도 않아서 꾸준히 할 수도 있다. 아프리카의 마사이족은 하루에 10킬로미터를 걷는다고 하는데 세계에서 건강한 부족으로 꼽힌다.

걷는 것의 의학적 측면은 새삼스럽게 얘기할 필요조차 없다. 그러나 과연 걷는 것의 뜻을 알고 있는가? 걷는 것은 단순히 운동한다는 뜻만 있는 것이 아니다. 걷는다는 것 속에는 운명의 뜻도 있다.

움직일 때 무슨 일이 일어나는가? 우선 다리의 근육이 살아 움직인다. 걷는 중에 다리의 근육 말고 또 어떤 일이 벌어지는가? 다름 아닌 뇌가 자극된다. 이는 뇌의 발달에 큰 도움도 준다.

그리고 걷는 것은 또 무슨 일을 일으키는가! 영혼의 입장에서 생각해보자. 영혼은 움직이기를 좋아하고 시간과 공간을 날아다니기도 한다. 양의 속성이 있어서인데 걸을 때는 몸을 이동시켜주기도 하지만 영혼도 움직여준다.

영혼은 움직이는 것을 좋아하는데 발이 그 일을 대신해준다. 그래서 영혼은 요동을 멈추고 걷는 것에 주의를 기울이게 된다. 걷는 것은 리듬이 있고 몸이 이동되며 새로운 장면이 계속 나타나고 영혼이 가만히 있어도 저절로(?) 움직여주니 얼마나 편리할까? 그래서 영혼은 걷는 것을 좋아한다. 걷는 것에는 더 중요한 뜻이 있다. 걷는 것은 전진하여 이루어지는 것으로 이는 발전을 상징한다. 영혼은 변화를 좋아하고 발전하기를 좋아하는데 걷는 것이 바로 그런 작용을 일으킨다. 걷는 것은 개척을 뜻하고 새로움을 추구한다. 결국 새로운 운도 발생시키는 힘이 있다.

걷는 것은 한 걸음 한 걸음에 의지가 깃들어 있다. 의지가 없으면 터벅터벅 걷게 되고 아예 주저앉고 싶어진다. 만사가 귀찮아지면 걷지 않고 멍하니 한 곳을 바라보게 된다. 그러나 의지가 있다면 걷게 된다. 무엇보다도 중요한 것은 걸음에는 하늘의 기운이 깃들어 있다. 운명이 개척되는 것을 주역에서는 '우레'라고 말한다. 전문적인 얘기는 빼고 단지 우레는 우주의 힘이 비로써 작용을 시작했다는 뜻으로 이해하면 된다.

우레로 걷는 순간 영혼은 새로운 운을 준비한다. 아인슈타인은 이렇게 말했다. "산책을 싫어하는 사람은 과학자로 태어난 것이 아니다." 걷는 것을 산책이라고 말하기도 하는데 걸을 때 새로운 자연의 섭리를 깨닫게 된다. 새로움이 중요하다. 새로움은 시작이고 이는 우레이며 걷는 것이다. 우레의 작용은 끝이 없다. 걷는 것의 작용도 무한히 많다. 운이 잘 풀리지 않으면 걷는 것만으로도 이를 극복할 수 있다. 따라서 아이들이 자랄 때는 많이 걸어야 한다.

바쁜 입시생도 얼마든지 걸을 수 있다. 공부하느라 힘들고 시간이 없겠지만, 틈이 나는 대로 걸어야 한다. 등하교 길이 멀지 않다면 걷게 하면 좋다. 먼 거리를 걸어다니면 몸이 힘들어 공부에 지장을 줄 수도 있겠지만, 가까운 거리라면 걷게 하라. 아니면 집에서 쉬는 시간을 활용해도 좋다. 잠깐 집 앞 슈

퍼마켓으로 심부름을 가도 좋고 가족과 산책을 나가는 것도 한 방법이다. 걷는 것만 잘해도 아이를 잘 교육시킬 수 있다.

걷는 행위는 신체의 건강을 위해서이기도 하지만 운명을 개척하기 위해 필요한 것임을 다시금 기억하자. 걷기는 신체뿐 아니라 영혼을 위한 운동이다. 영혼의 단련을 위해서는 마음챙김 같은 명상도 한 방법이겠지만, 가장 효과가 빠른 방법은 걷기이다. 오래 걸으면 착한 사람도 되고 운 좋은 아이도 된다. 반면 나쁜 아이들, 나쁜 운명을 가진 사람들은 걷기보다는 앉아 있는 것을 좋아한다. 앉아만 있다 보면 이런저런 생각을 하게 되는데, 결국에는 나쁜 생각까지 하게 된다.

❀ ❀ ❀

**"부모는 아이가 잘 걷고 많이 걷도록 해줘야 한다.
앉아서 공부만 시키면 운이 쇠약해진다."**

몸을 가볍게 하라

영혼은 아주 가벼운 존재이다. 그래서 마음이 홀가분한 사람은 운도 좋아지는 법이다. 영혼이 어딘가에 매여 있으면 좋은 운을 만들 기회가 없어진다. 영혼이 자유로울수록 운을 만드는 작업(?)이 쉬워진다는 의미이다. 어떻게 하면 영혼을 자유롭게 만들 수 있을까? 흔히 도인들은 마음을 비우라고 말하는데 이런 심오한 가르침을 얘기하자는 것이 아니라 평범한 생활 중에 누구나 할 수 있는 방법을 고찰해보자는 것이다.

먼저 영혼의 속성을 알아야 한다. 영혼은 스스로 바삐 돌아다니는 존재이지만 정지할 때가 있다. 경치가 좋은 곳에서는 멈춘다. 이때 기분이 좋아지며 좋은 운을 만들고 싶어 한다. 이는 운을 좋게 하는 방법이다.

반대로 좋은 운을 막는 행위도 있다. 영혼은 자유로워야 하는데 공연히 이를 막아서는 존재가 있다. 바로 우리 몸이다. 영혼과 몸은 항상 붙어 다니기 때문에 영혼 입장에서 보면 부담이다. 실은 영혼이 몸에 붙어 있을 뿐인데 영혼은 몸이 자기에게 붙었다고 생각한다. 어차피 둘은 떨어질 수 없으니까!

몸과 영혼은 우주 대자연의 거대한 힘에 의해 일정 기간 동안 붙어 있을 수밖에 없다. 그런데 영혼은 처음엔 이를 좋게 받아들인다. 그러다 차츰 싫어하게 된다. 이것이 바로 '늙어간다'는 뜻인데 사람은 언젠가부터 자신의 몸무게를 느낀다. 아주 어린 나이에는 '몸이 나고 내가 몸'이기 때문에 자신의 몸무게라는 것을 실감하지 못한다. 보통 아이가 여섯 살이 되면 몸과 영혼을 분리하기 시작한다. 자기의 기분을 이야기하고 자존심을 세우기도 하는 게 바로 몸과 영혼이 분리되어서이다. 자아가 본격적으로 형성된다.

살다 보면 살이 찌기도 한다. 갑자기 몸무게가 늘며 비만이라는 판정을 받기도 한다. 세계보건기구WHO가 비만을 질병이라고 분류한 지는 오래다. 이 비만이라는 질병은 매우 위험하다. 몸과 영혼에 끊임없이 손상을 주기 때문이다. 영혼에 손상을 준다는 것은 다름 아니라 살이 찐 몸을 관리하느라 영혼에 신경을 쓰지 못하기 때문이다. 인간의 몸이 새처럼 날아다닐 수만 있다면 영혼은 다가올 미래의 좋은 운을 만들기 위해 전념할 것이다. 비만이라는 경고를 들었는데도 계속 몸무게가 증가한다면 영혼은 포기하고 나쁜 운이 와도 내버려둔다. 영혼과 몸이 혼란스럽지 않고 질서 속에서 서로 작용할 때 행운이 찾아온다.

영화작품을 만들 때도 혼란스러운 상태에서 촬영을 하면 작품이 제대로 될 리 없다. 우리는 영혼을 좀 더 편안히 해두어야 할 것이다. 그러니 무조건 살을 빼야 한다. 누군가 말했다. "인생에서 할 일은 오로지 살을 빼는 것이다." 노자는 이렇게 말했다. "외형은 마른 나무와 같고 마음은 죽은 재와 같다枯木死灰." 이는 몸은 가볍게 마음은 번거롭지 않게 하라는 뜻이다.

내가 말하는 것은 고도비만이다. 건강하게 적당히 살이 쪘다면 영혼은 뭐라 하지 않는다. 하지만 체중이 정도 이상 되면 운은 그때부터 손상된다. 부모가 계속 살이 찌면 자식은 부모에 대한 존경심을 잃게 된다. '우리 엄마는, 우리 아빠는 자기 관리도 못하고 살만 찐다니까'라고 생각한다. 부모도 마찬가지다. 처음에는 '보름달 같은 우리 아이'라고 생각하다가 점점 '찐방 같다', '저 돼지 어쩌나' 하며 한숨을 쉬게 된다. 부모와 자식이 서로를 깎아내리는데 좋은 운이 찾아올 리 있겠는가.

부모는 우선 자신의 영혼을 위해, 자식에게 본보기가 되기 위해 열심히 운동해서 체중을 감량해야 한다. 살을 빼는 방법은 세상에 무수히 많다. 그중에 나와 맞는 것을 골라 열심히 노력해야 한다. 음식을 너무 많이 섭취하지는 않는지 돌아보고, 취미가 될 만한 것을 찾아 해보면 좋다.

인생의 제일 목표는 살을 빼는 것이라는 말이 결코 과언이 아니다. 아이의 교육도 최우선적으로 살을 빼줘야 한다. 아이를 굶기라는 말이 아니다. 취미든 놀이든 무슨 방법을 써서라도 살이 찌는 것을 방비하라는 뜻이다. 운명을 개척하는 방법 중에 이보다 좋은 것이 없다. 쉬운 길이 있으면 그길로 가면 된다. 살찐 본인은 잘 모르겠지만 인간은 살찐 사람을 별로 좋아하지 않는다. 살찐 친구를 놀리기도 하고, 심하면 왕따를 시키기도 한다. 사람이 피하면 운도 피해가는 법이다.

❀ ❀ ❀

"살찐 사람에게 양해를 구하겠다.
화내지 말고 운명을 위해 지금 당장 살을 빼기 바란다.
선도仙桃에서는 살을 빼는 것을 일컬어 빛을 기른다고 말한다.
10년, 20년이 걸리더라도 살을 빼는 노력을 시작해야 한다."

운명에 해로운 물건을 버리라

인생은 빈손으로 왔다가 빈손으로 간다. 누구나 이해하기 쉬운 진리이다. 그렇다면 이런 얘기는 왜 해주는 것일까? 다름 아니라 물질 아닌 다른 것을 중시하라는 뜻이다. 인생은 영혼의 역사다. 이를 통해 영혼은 발전하며 인생에 운명의 광채를 날리고 또 다른 세상으로 무대를 옮긴다. 물질이나 권리는 조금도 가져갈 수 없다. 살아 있는 동안 행복한 것이 중요하지만 다른 생까지도 고려해야 할 것이다. 인생은 영원하다. 이는 영혼 자체가 죽지 않는 존재이기 때문이다.

역사는 죽는 법이 없다. 우주에 영원히 남아 있고 또한 본인의 역사는 자신의 영혼 속에서 살아 움직인다. 역사는 죽은 것이 아니다. 행동하고 변화하고 품성이 만들어지고 이것은 운명을 만든다. 운명의 원리는 아주 간단하다. 행동한 것의 반사일 뿐이다. 또한 밖에서 안으로 주어진 것에 대한 응답이다. 부모의 역할이 중요한 것은 이 때문이다. 부모가 살아 있는 한 그것은 계속된다. 부모가 만든 영혼의 모습은 간직되고 삶으로 계속 이어진다. 여기서 중요한 것은 물질이 아니라 역사라는 것이다.

사람이 구입한 물질은 밖에 남아 있을 뿐 영혼 속으로 들어갈 수 없다. 물건은 인생의 한때 잠시 쓰이고는 용도가 폐기된다. 그래서 이를 짐이라고 말한다. 짐이란 그것을 가지고 가야 한다는 뜻으로 만들어진 단어이다. 짐은 처음에 필요하던 물질이지만 나중에 필요 없게 되어 부담이 된다. 쓰레기라는 것도 짐의 일종이다. 물론 생활에 꼭 필요한 물건은 쓰레기라고 할 수 없다. 그러나 결국 쓰레기로 변한다. 쓸모가 다 끝난 물건들은 그저 쌓아놓는 것뿐인데 이것은 무엇에 쓸 것인가! 돈 주고 산 물건이라서 그냥 놓아두게 된다. 물건은 공간을 차지하고 그 자리에 남아 있다.

쓰레기 혹은 짐이라는 것은 그 자체가 영혼을 끌어당기는 힘이 있다. 물건이라고 우습게 보면 안 된다. 집 주변의 돌처럼, 나무처럼, 짐은 하나의 구조가 되어 영혼의 환경을 조성한다. 창고 속에 들어가 있어도 영혼은 이를 짐으로 여긴다. 영혼이 볼 때 그것들은 단지 소유일 뿐 용도는 없다. 그저 앞날의 시간으로 가져가기 위해 짐은 존재한다. 그것은 죽음으로 가져가지는 않는다. 하지만 살아 있는 동안 내내 짐으로 남아 있다. 주역에서는 이를 간艮이라고 하는데 정지를 뜻한다. 자신도 정지해 있으면서 남도 움직이지 못하게 한다.

'간'은 영혼도 정지시키고 나아가 운명도 정지시킨다. 쓰레기 또는 짐이라는 것은 단순히 버려진 것이 아니다. 우리의 주변에 있는 한 그 작용은 계속된다. 주변을 둘러보라. 그것들이 얼마나 쓸모가 있는가! 언젠가는 쓸모가 있을지 모른다. 어쩌면 영원히 가능성만 유지하고 있을 뿐이다. 가능성이라도 있으면 좋은 것일까? 절대 아니다. 가능성 때문에 당장 현실에 피해가 있다. 어떤 물건들은 악운을 끌어오기도 한다. 특별히 어떤 물건을 지칭하는 게 아니라, 거의 모든 물건이 이렇다고 본다. 그 물건이 경관을 아름답게 하는 존재라면 그것은 좋은 일을 하면서 존재한다. 당연히 영혼에도 좋다. 그것보다 더 좋은 물건도 있을 터이니 이미 있는 물건에 대해 애착을 갖지 말자. 사용하지 않는 물건이라면 버리는 것이 낫다.

물건이란 잠깐 쓰기 위해 집으로 옮겨 놓은 것뿐이다. 대개는 며칠 쓰고 만다. 이런 물건들을 큰돈을 들여 산다. 그리고 싫증이 나면 또 다른 물건을 사들인다. 그런데 영혼은 싫증을 더 빨리 느끼고 그로써 상처를 입는다. 흔히 신경 쓰인다는 말이 있는데 영혼은 아주 민감하여 사소한 물건이라도 그 존재를 기억한다. 그러면서 영혼은 기능이 약해진다. 현대과학에 정보공학이라는 것이 있는데, 이 이론에 의하면 필요 없는 정보 때문에 필요 있는 정보의 기능이 떨어진다고 한다.

우리는 물건이 많을수록 무엇에 정을 붙일 것인지 난감해한다. 그래서 방치할 수밖에 없는데 영혼은 늘 이것을 의식한다. 창고 속에 처박혀 있는 필요 없는 상자 하나가 영혼에게는 큰 부담이다. 영혼은 눈이 보지 못하는 것을 보고 있다. 영혼은 주변을 속속들이 파헤치는 성질이 있는데 이것이 바로 양의 성질이다. 있는 것을 모두 관리하고자 한다. 문제는 모든 것은 관리하려면 의식을 사용해야 하고 결국 영혼은 피곤해진다.

물건을 살 때는 아주 필요하고 오래 쓸 것을 사야 한다. 그런 것이 아니면 낭비다. 돈이 많으면 '이런 것쯤 살 수 있지' 하고 생각할 수도 있다. 그러나 그게 아니다. 영혼의 알레르기는 어찌할 것인가! 우리의 몸은 수상쩍은 것이 들어오면 알레르기 반응을 일으킨다. 알레르기는 건강을 해치는 생리현상이다. 이로써 다른 곳에 쓸 에너지를 빼앗기기 때문이다. 영혼도 마찬가지이다. 운명이 풀리지 않는 사람을 보면 대개 필요 없는 물건을 많이 가지고 있다. 신비한 얘기이지만 운명은 물건에 사로잡혀 제 갈 길을 못 간다.

시간이 남으면 있는 짐을 갖다 버리라. 몸무게를 줄이듯 짐도 마찬가지이다. 영혼은 깨끗한 곳을 좋아한다. 경치 좋은 곳에 머물기를 좋아하는 것도 영혼의 속성이다. 지저분한 곳에서는 지저분한 운이 발생하는 법이다. 따라서 깨끗이 비울수록 좋다. 그렇게 하면 영혼은 비로소 할 일을 찾게 된다.

❂ ❂ ❂

**"아이의 장래를 생각한다면,
아이가 스스로 짐을 줄이게 해야 한다.
무턱대고 사달라는 대로 다 사주는 것은 안 된다.
어린 날은 물질을 많이 갖는 시기가 아니라
정신을 훌륭하게 가다듬어야 할 때이다."**

현재보다는 미래를 꿈꾸게 하라

아인슈타인은 취미로 바이올린을 배웠는데, 연주 실력이 아주 훌륭했다고 한다. 대단하다. 그의 영혼은 매순간 살아서 움직이고 있었다. 그는 인생을 행복하게 마쳤다. 불운은 없었다. 위대한 업적을 이루고도 불운한 인생을 산 사람들이 많다. 때때로 불운이 업적인 위인들도 있다. 안중근 의사나 유관순 열사는 일제에 항거하다 비참한 운명을 맞았다. 조국을 위해서는 대단한 일을 했지만, 독립된 나라를 보지 못하고 세상을 떠났으니 행복하다고 말할 수 없다.

어떤 사람이 있었다. 그 사람은 동해안의 외딴곳에서 가족과 살았는데 주변 사람들과 일절 교류하지 않았다. 자신의 가족끼리만 편안히 지냈다. 남과 어울리지도 않고 남을 위해 이렇다 할 일도 하지 않았다. 조용하게 평화롭게 지내다 소리소문 없이 세상을 떠났다. 태어났으면 남과 어울리며 살아야 한다.

참으로 어려운 얘기이다. 딱히 정답을 찾을 수는 없다. 하지만 바닷가에 살았던 그 사람처럼 살아간다면 무엇인가 아쉬움이 남는다. 현대과학에서는 인간이 있기에 우주도 있다고 한다. 인간중심의 원리라고 하는 것인데 인간이 우주를 바라봄으로써 우주는 존재한다는 것이다. 이는 철학도 아니고 종교도 아니다. 순수한 과학 그 자체다. 이 문제는 과학책을 참고하기 바란다. 어쨌건 인간은 자연계에서 가장 위대한 존재이다. 또한 우주가 한 일 중에 가장 위대한 업적 또한 인간이 아닐 수 없다.

이런 인간이 자신의 행복만을 위해 살아간다면 이는 삶의 낭비가 아닐까! 행복만이 중요한 것이라면 짐승도 인간 못지않다. 나는 고양이가 인간보다 더 행복할 것이라고 생각해본 적이 있었다. 이는 큰 뜻이 있어서 하는 얘기가 아니다. 그저 인간은 자신의 행복만을 위해 살다가 죽는 존재는 아닐 것이라는 생각이 들 뿐이다.

세상에는 위대한 사람들이 참으로 많다. 그들은 인류를 위해 우주를 위해 본인의 흔적을 남겼다. 인간다운 역사를 남겼던 것이다.

자식에게 물어야 한다. 너는 어떤 인간이 되고 싶니? 철학을 논하자는 것도 아니고 종교관을 주입시키려는 것도 아니다. 단순히 포부를 묻는 것뿐이다. 포부를 묻는 것은 자식을 겁주는 것도 아니고 부끄럽게 만드는 것도 아니다. 위대하게 살 것인가를 묻는 것이고 자식은 스스로 위대해져야 한다.

내가 알고 있었던 어떤 아이는 포부를 물었을 때 사장이 되고 싶다고 했다. 어떤 아이는 의사나 변호사, 교사가 되고 싶다고 말했다. 또 어떤 아이는 공무원이 되어서 안정되게 살고 싶다고도 말했다. 다 옳은 얘기이다. 포부는 나름대로 생각해서 정한 것이니 다 뜻이 있다. 다만 포부를 생각하지 않고 산다는 것은 문제이다. 의무적으로 꼭 어떤 사람이 되라고 강요하는 것은 아니다. 자기가 가는 길이 어딘지는 알고 살라는 뜻이다.

아이에게는 종종 장래의 포부를 물어야 한다. 거기에 가타부타 평을 달 필요는 없다. 아이의 마음은 항상 변하는 것이니 오늘과 내일의 포부가 다를 수 있다. 포부를 생각한다는 그 자체가 중요할 뿐이다. 배가 바다를 항해하는데 가는 곳을 모르고 간다면 표류라고 말한다. 목표를 정하고 살아야 진짜 사는 것이다. 이것이 미래를 향해 사는 것이다. 동물에게는 미래가 없다. 그저 현재를 탐닉하면서 살다가 어느덧 미래가 찾아온 것뿐이다. 이는 수동적인 삶의 태도이다. 이런 사람은 식물인간이나 다름없다. 꽃이나 나무처럼 살기만 하다가 죽을 존재이기 때문이다. 이런 존재는 운에 대해서도 수동적이다. 달리 말하면 '운은 될 대로 되라' 하고 산다는 뜻이다.

인간은 미래를 설계하는 존재이다. 그 설계가 실제로 이뤄지지 않는다고 해도 계획 자체가 중요하다. 운이란 이럴 때 생기는 법이다. 위대하게 살려고 애쓰면 운도 강해지는 것이 우주작용의 원리이다.

부모는 자식이 스스로 갈 길을 가고 있는지 수시로 확인해야 한다. 이때 평범한 삶을 권할 일은 아니다. 평범하게 살아가고자 하는 것은 아무렇게나 살라는 뜻이다. 부모는 적어도 아이가 위대한 쪽으로 향해 가기를 바라야 한다. 앞에서도 언급했지만 "얘야, 너는 커서 무엇이 될래?" "너의 꿈은 무엇이니?" 이렇게 묻는 것은 미래를 안내하고 가르치는 것이다. 그리고 무엇보다도 운을 심어주는 것이다.

운이란 그냥 내버려두면 찾아오지 않는다. 적극적으로 만들고 찾아야 한다. 나는 14세 무렵 꿈을 가졌는데 그대로 되지는 않았다. 그래도 좋았다. 미래를 향해 노력했던 내 모습을 뒤돌아보면 미소가 지어진다. 자식의 미래는 부모가 확인해두면 좋다.

옛날에 어떤 부모가 자식에게 말했다. "애야, 착한 사람이 되지 말아라." 아이는 웃으며 흘려 들었지만 부모는 자주 그런 말을 했다. 그래서 참다못한 아이가 반문했다. "저에게 나쁜 사람이 되라는 거예요?" 그러자 부모가 고개를 저으며 대답했다. "애야, 착한 사람으로도 부족한데 나쁜 사람이 되어서야 되겠느냐!" 아이는 이로써 인생에서 해야 할 일이 많음을 깨달았다.

착한 사람보다 더 훌륭한 사람이 되어야 한다.

부모는 아이가 스스로 미래를 생각하도록 할 필요가 있다. 미래라는 단어가 부모 자식 간에 오간다면 이는 반쯤 성공한 것이다. 포부니 미래니 하는 말은 영혼을 각성시킨다. 무작정 열심히 공부하거나 일만 해서는 운이 더디게 만들어진다. 하지만 운명에 대해 자주 얘기한다면 영혼은 솔깃할 것이고 좋은 운을 만들기 위해 어떻게 해야 할까, 하고 궁리를 시작하게 된다.

부모는 아이의 등대가 되어주어야 한다. 제대로 길을 찾아가는 것은 아이의 몫이 될 것이다. 이는 천천히 이루어질 터이다. 영혼은 시작하면 어떻게 하든 방법을 찾아내는 존재이기 때문이다.

"현재에 최선을 다하라고 하는 것은
앞을 보지 않고 돌진하는 자동차와 같다.
부모는 아이의 등대가 되어주어야 한다.
제대로 길을 찾아가는 것은 아이의 몫이 될 것이다.
더디더라도 영혼은 어떻게든 방법을 찾아내
아이에게 길을 알려줄 것이다."

세상일에 관심이 많은 아이로 키우라

언젠가 택시를 탔다. 라디오에서 뉴스가 나오는 시간이어서, 마침 잘되었다 싶었다. 그날은 바빠서 뉴스를 못 봤던 것이다. 나는 TV를 거의 보지 않지만, 뉴스만큼은 꼭 챙겨 본다. "9시 뉴스를 시작하겠습니다." 그 말이 나오기가 무섭게 택시기사가 채널을 바꾸었다. 기사는 "뉴스 할 시간이네!" 하면서 황급히 바꿔버렸다. 왜 그토록 재빨리 뉴스를 꺼버린 것일까?

택시기사는 뉴스를 매우 싫어했다. "뉴스는 봐서 뭘 해? 만날 뻔한데 뭐." 어처구니없는 일이었다. 뉴스가 뻔하다니. 더구나 그 말투는 또 뭐란 말인가! 나는 뉴스를 들었으면 좋겠다고 말했지만 기사는 못 들은 체하고 운전만 했다. 나는 그냥 참기로 했다. 그 사람의 태도로 보아 괜히 더 부탁했다가는 싸움이 될 것 같았다. "나는 뉴스를 아예 안 봅니다." 기사의 쐐기를 박는 말에 눈을 감았다. 말을 섞을 이유가 없는 사람이었다.

그러고 보니 뉴스를 싫어했던 사람이 또 있었다. 수십 년 전부터 알고 지냈던 후배인데, 뉴스를 아예 보지 않았다. 그는 이렇게 말한다. "뉴스? 그거 왜 봐요? 저는 뉴스를 본 적이 없어요!" 세상에나 뉴스를 한 번도 안 본 사람이 있다니, 정말 놀라운 일이다. 세상에는 별사람이 다 있다. 나는 그 후배가 왜 그렇게 운명이 꼬이고 있는지 비로소 알게 되었다. 그는 명랑하고 예의 바르고 능력도 있었다. 다만 그는 세상을 보는 시야가 좁았다.

뉴스를 접한다는 것은 창문을 열어놓는 것과 같다. 세상이 어떻게 돌아가는지 모르는 사람은 영혼의 눈을 가려놓은 것과 같다. 영혼이란 눈도 있고 귀도 있고 다리도 있고 감정도 있고 생각도 있는 존재이다. 이것은 세상과 접하면 능력이 향상된다. 세상을 보지 않고 산다는 것은 자신의 존재도 잘 모르는 사람이다. 이런 사람이 어떻게 좋은 운을 맞이할 수 있을까! 밤길을 가다가 넘어지는 사람처럼 느닷없이 불운을 만나고 말 것이다.

뉴스를 싫어하는 사람 중에는 어린아이도 있다. 초등학교 아이 정도라면 그 마음속이 혼란스럽기 때문에 뉴스 같은 것을 볼 겨를이 없을지도 모른다. 그러나 내가 전문가를 통해서 알아본 바에 의하면, 초등학교 4학년 정도면 정신연령이 40세와 별 차이가 없다고 한다. 그 정도 나이의 아이면 인생관이 있고 세계관도 있다. 나이가 어린 탓에 견문이 좁을 뿐이다. 본래 영혼은 나이가 없다. 잠시 몸 속에 들어가 있어 어리벙벙할 뿐이다. 어린 영혼도 세상이 있다는 것, 즉 자기 밖 세계가 있다는 것을 잘 이해하고 있다. 세상이 있고 내가 있고 나의 부모가 있고 친구가 있다는 것은 알고 있다.

아이가 창문을 닫고 오래도록 밖을 보지 않는다면 큰 문제이다. 택시기사처럼, 나의 후배처럼 꽉 막힌 사람이 돼 버리고 말 것이다. 땅이 깊어지기 위해서는 넓어져야 한다. 사람의 마음도 이와 같다. 세상이 넓은 것을 알아야 자신도 넓어진다. 영혼은 보이는 것을 확장해 나가는 존재이다. 세상이 있다는 것을 알면 그것을 이해하고자 한다. 그것이 바로 영혼이 커나가는 방식이다.

중학생 정도라면 뉴스를 봐야 한다. 매일은 아닐지라도 종종 뉴스를 접하면서 자기가 어떤 세상에서 사는지를 알아야 한다. 뉴스를 접한다는 것은 세상에 대한 관심을 높이는 일이다. 세상에 대해 관심이 없는 사람은 큰 인물이 될 수가 없고 또한 나쁜 운 속에 갇히기가 쉽다.

아이가 뉴스를 보겠다면서 옆에 앉으면 "너는 들어가서 공부나 해"라고 말하는 부모가 있는데, 이는 아이의 눈을 가리는 것과 같다. 공부하라며 어른이 될 때까지 뉴스를 못 보게 하는 것은 아이의 목을 조르는 것과 같다. 세상을 살면서 세상을 보지 말라는 것이니 눈 가리고 목을 조르는 것과 무엇이 다르단 말인가!

시험공부에 바쁜 아이라 할지라도 종종 불러내서 뉴스를 보자고 권하는 게 좋다. "얘야 조금 쉬었다 하렴." "함께 뉴스 보며 과일 먹자." 이렇게 말해보자. 몰두한다고 아는 것이 많아지는 것은 절대 아니다. 시야가 넓어져야 공부도 깊이 할 수 있다. 아이가 야구를 좋아하고 관심이 있어 야구 상식이나 정보에 훤한 것도 좋다. 아이에게 물어보며 아이의 정보력이나 상식을 칭찬해줘야 한다. 아이가 대중가요에 관심이 많거나 연예인을 잘 아는 것도 절대 나쁜 일이 아니다. 공부 외의 다른 것들에 대해 정통한 아이가 공부도 잘한다.

어려서부터 세상일에 관심이 많은 아이들이 효자로 자란다. 오로지 자신밖에 모르는 아이들은 불효자가 된다. 또 믿을 수 없는 사람, 의리 없는 사람이 된다. 이런 사람은 당연히 운이 나쁘다. 아니 운 자체가 없어질지도 모른다. 운이란 영혼이 만드는 작품과도 같은 법. 처음부터 세상을 보지 않는다면 어떤 아이로 자라겠는가. 모름지기 세상일에 관심이 많은 아이로 키워야 한다.

✸ ✸ ✸

"관심은 포부이고 목표가 된다.
아이와 뉴스뿐만 아니라
스포츠나 음악 프로그램을 함께 보는 것도 좋다.
단, 아이에게 코미디 프로그램을 많이 보게 해서는 안 된다.
어려서 코미디 프로그램에 자주 노출된 아이는
세상을 웃기기 위해 살려고 한다.
점점 자기 자신이 우스운 존재가 되는 줄도 모르고 말이다."

아이와 미래를 이야기 나누라

우리의 운명은 무한히 먼 곳으로부터 찾아와 현재에서 나아가다 다시 과거로 흘러간다. 그리고 우리는 미래를 향해 올라간다. 물고기들은 상류로 계속 올라가고 싶어 하는데, 이는 우주의 모든 생명체가 갖는 특성이다.

저 먼 곳을 본다는 것, 그것은 미래이고 곧 우리의 운명이다. 우리는 운명을 기다리면서 산다. 과거라는 것은 운명이 지나간 흔적으로 우리는 이것을 역사라고 부른다. 역사는 앞으로 나아가고 운명은 우리의 뒤안길로 사라져 간다.

현재보다 더 나은 세상, 확 트인 세상을 보고 싶다는 것이 미래로 향하는 우리의 마음이다. 하지만 운명은 언제나 자기 속도로 우리에게 다가온다. 우리가 빨리 나아가면 운명은 천천히 다가오고 우리가 뒤로 물러나면 오히려 빨리 다가온다.

우리는 미래의 운명을 기다리는 존재가 될 수밖에 없다. 주역에서는 기다림을 수천수水天需라고 하는데 이는 암흑 속에서 새로운 세계가 열리기를 기다리는 형상이다. 그리고 쉰다는 뜻도 있다. 영혼은 현재에서 쉬고 미래를 맞이하면 드디어 활동을 개시한다.

이 활동은 다시 미래의 씨앗이 된다. 운명이란 것은 나의 행동에 의해 변화하며 앞날을 만든다. 또한 내가 한 행동은 우주대자연에 기록되어 그것을 우리에게 다시 반영시킨다. 모든 것이 나로 비롯됨은 물론이다. 어느 것은 가까운 미래에 나타나고 어느 때는 먼 미래에 나타나기도 한다.

우리는 가까운 운명과 멀리서 다가온 운명도 모두 생각하며 지내야 한다. 그렇다면 우리는 운명을 항상 신경 쓰고 상상하고 대비해야 할까, 아니면 막연히 운명이 오기를 기다리기만 하면 되는 것일까? 이에 대한 답은 당연히 '미래와 운명에 대해 항상 생각해야 한다'이다.

영화를 볼 때 우리는 일어날 사건을 추측하면서 본다. 그래야 영화를 보는 재미가 있다. 어떤 영화는 결과가 뻔히 정해져 있어서 생각할 겨를도 없이 그저 지나간다. 관객은 할 일이 없다. 추리소설이 재미있는 이유는 독자가 이리저리 상상해볼 수 있다는 데 있다. 생각한 대로 되든 아니든 생각한다는 자체가 소설에 참여하는 것이다.

운명도 이와 같다. 운명은 기차 레일처럼 정해진 방향으로 가는 것이 아니어서 우리의 생각으로 바뀔 수 있다. 영화는 결말을 상상해볼 수는 있으나 우리가 마음대로 바꿀 수는 없다. 운명은 우리가 만들 수 있다. 물론 쉬운 일은 아니다. 운명을 기다리되 그것을 우리의 뜻대로 고치겠다는 의지를 보여야 한다.

미래를 항상 그려보고 사는 것은 좋은 일이다. SF소설은 미래에 대한 각종 상상을 담고 있고, 어떤 일은 상상한 대로 되어가고 있기도 하다. 나는 어려서부터 미래 과학자들의 예측에 관심을 가져왔다. 그들은 50년 후 미래에는 컴퓨터를 들고 다닐 것이라고 말했다. 당시는 컴퓨터가 막 보급되던 때로 거대한 크기였다. 미래학자들은 미래에 일어날 일을 예측하고 있었다.

컴퓨터를 손에 가지고 다닌다는 것, 이는 오늘날 우리가 사용하는 스마트폰이다. 나는 핸드폰 자체가 아직 나오기 훨씬 전부터 스마트폰이라는 단어를 알고 있었다. 기막힌 일이다.

50년 후의 일을 미래학자들은 추측했고 정확히 스마트폰이라는 것이 나왔다. 로봇도 마찬가지다.

운명이란 어떤 것일까? 미래에 일어날 일이고 추측이 가능하다. 나는 10대 때 60년 앞날을 추측하고 계획을 세웠던 적이 있다. 물론 그대로 된 것은 아니다. 10년 후를 예측하면서 살기도 했는데 그 또한 생각대로 되지 않았다. 1년 후는 어땠을까? 역시 마찬가지였다. 미래는 도무지 예측할 수가 없었다. 그러나 나는 아직도 미래를 추측하면서 지낸다. 그것은 삶을 재미있게 하기 위해서이기도 하지만 어떻게든 운명을 바꾸어보자는 것이다. 또한 닥쳐올 운명에 대해 미리 각오를 해두자는 뜻이다.

우리는 보통 미래를 생각할 때 막연히 떠올릴 뿐 구체적인 사항을 따져보기 싫어한다. 당장 현실이 급하기도 하지만 미래는 도무지 추측이 가지 않기 때문이다. 그러나 사람은 먼 미래를 구체적으로 생각하면서 살아야 한다. 그래야 좋은 운명을 맞이할 수 있고 운명이 닥쳐왔을 때 그것을 헤쳐나가는 길도 생긴다.

우리의 아이들은 어떨까? "너는 50년 후를 생각해봤니?"라고 물으면 "그걸 뭐 하러 지금 생각해요?"라고 웃어 버린다.

"그렇다면 30년 후는 생각해봤니"라고 다시 물으면 아이는 답한다. "마찬가지잖아요. 그때 일은 좀 더 있다가 생각해볼래요" 하고 대화를 끝낸다. 그러나 10년 후를 물으면 어떻게 될까? 아니 5년 후를 물어보자. 이것에 대해서도 "몰라요. 골치 아프게 왜 물어요" 할 것인가!

미래란 원래 막막해서 생각하기가 힘들다. 그러나 반드시 미래를 이야기하면서 살아야 한다. 특히 어린아이들에게는 미래를 상상하는 일이 공부의 한 과목이 되어야 한다. 부모는 아이에게 자주 물어야 한다. "네가 생각한 너의 미래를 얘기해봐!" 아이가 이를 피하면 "항상 미래를 추측하면서 살아야 하는 거야"라고 일러줘야 한다.

아이들이 조선시대를 다룬 사극만 좋아해서도 안 된다. 미래를 다룬 SF영화에도 많은 관심을 가져야 한다. 무엇보다 미래를 짐작해야 한다. 우리는 어디로 가는가? 미래로 간다! 미래의 어디? 우리는 길을 걸어갈 때 어디를 가는지 어떻게 가는지를 알고 찾아간다. 미래에 대해서도 그래야 한다. 어떤 미래로 가는가? 어떻게 갈 것인지를 물어야 한다.

막연히 장래를 위해 산다고 하면 계획성이 없는 것이며, 미래를 될 대로 되라고 포기한 것이나 마찬가지이다. 우리가 평소에 미래를 상상하고 자주 얘기한다면 영혼은 연구를 시작하고 미래를 실현시키기 위해 신통력(?)을 발휘할 것이다.

부모는 아이들과 미래 얘기를 자주 하면서 본인이 실감하도록 해야 한다. 우리가 길을 찾아갈 때도 방법이 정해져 있다. 미래는 이런 생각을 더욱 해야 한다. 미래는 어떻게든 나타난다. 아니 실은 내가 찾아가는 것이다. 그런데 "어떤 미래?" 하는 물음에 외면하거나 웃어버리면 이는 아주 멍청한 일이다. 혼 없이 사는 것이나 마찬가지이다.

**"우리는 운명에 대해 책임져야 한다.
미래가 실감이 될 때까지 자주 얘기해야 한다.
부모가 아이들과 미래 상상하기 놀이를 해도 좋다.
먼 미래를 논하라면 웃으며 얘기하겠지만
아주 가까운 미래를 얘기하자면 아이들은 심각해진다."**

운을 개선시키는 턱걸이 운동

N은 사고가 잦고 실패가 빈번한 사람이다. 이 사람의 사고는 자신의 신체에서부터 나타났는데 부딪치거나 넘어지고, 떨어지고, 돌부리에 발을 채이고 미끄러지는 등 평생토록 몸에 수난이 많았다. 사람은 누구나 한번쯤 사고를 당하기도 하는데 N에게는 빈번하게 일어났다. 그렇다고 N이 주의력이 부족했던 사람은 아니다. 그런데도 사고가 잦다는 것은 운일 수밖에 없다.

나도 언젠가 발을 크게 다쳐 오랫동안 고생했는데 이로써 생활의 리듬이 무너지고 사업에도 실패했다. 발을 다친다는 것은 그 자체로 나쁜 운이었고 이는 다른 나쁜 운을 이끌기도 했다. 그러나 그런 일은 한때다. 그 후 그런 사고는 없었다.

하지만 N은 웬일인지 신체 사고가 끊이지를 않았다. 이뿐만이 아니었다. 사업도 어느 날 갑자기 망해버렸다. 서서히 망한 것이 아니라 눈 깜짝할 사이에 사업이 망해버렸던 것이다. 이 사람은 일생의 운이 이런 사람이었다. 돌발적인 사고가 많이 일어나는 사람! 한마디로 운이 나쁜 사람이다.

나는 이 사람을 수십 년 동안 봐왔기 때문에 그 원인도 알고 있었다. 그가 그토록 운이 나빴던 것은 실은 그 마음에서 나온 것이다. 원래 사람의 운은 마음 즉 영혼에서 나오는 법이다. 하지만 겉으로 그 모습이 쉽게 나타나 보이지는 않는다.

그러나 N은 그 영혼의 모습이 너무나 뻔해서 누가 봐도 알 수 있을 정도였다. "뭐 저런 사람이 다 있어!" "분명 벌 받을 거야." 이런 말을 들었다. 그럴 만한 이유가 있었다. 그는 지나치게 오만하고 남을 깔보는 사람이었다. 주위 사람의 기분을 상하게 하곤 했다.

나는 오랫동안 봐와서 기분이 나쁘기보다 보고 있으면 재미있기도 했다. '사람이 웬만해야지.' '어떻게 저토록 오만하단 말인가!' 오만이 지나치면 사람들은 그를 보고 거만하다고 말한다. N이 바로 그런 사람이다.

어쨌건 이 사람은 평생 운이 나빴다. 이는 분명 그 정신 자세 때문이지만 전문가가 아닌 사람은 이렇게 말한다. "정말 기분 나빠, 귀신은 뭐 하나 몰라. 저 사람 안 잡아가고. 사고라도 나면 좋겠어. 왜 안 망하지?" N 같은 사람은 아주 드물다. 대개는 잘못된 영혼이 서서히 모습을 드러내는 법인데 N은 나타나는 정도가 급작스러웠다.

영혼의 자세는 아주 조금만 나빠도 나쁜 운을 초래할 수 있다. N은 너무 심해서 실패와 사고가 도저히 안 생길 수가 없었던 것이다. 영혼의 자세가 나쁘면 그 모습이 신체에서도 드러나게 되어 있다. 반대로 신체의 나쁜 자세가 영혼을 삐뚤어지게 만든다. 영혼이 몸을 만들고 몸이 영혼을 만든다. 이것이 음양의 법칙이다.

그래서 사람은 항상 삼가야 한다. 사람의 태도는 남이 보고 있고 하늘이 보고 있다. 태도에는 반드시 마음이 깃들어 있는 법. 하늘은 이를 보고 운을 결정한다. 무심결에 한 행동도 오래 계속되면 그에 따른 마음이 생겨난다. 그래서 몸을 고치는 것으로 마음도 고칠 수 있다. 예를 들어 오랫동안 몸으로 예의를 지켰던 사람은 어느덧 그 마음조차 경건해지는 것이다.

교육이란 것은 처음엔 몸의 자세를 잡아주는 데서 시작한다. 그러고는 차차 마음으로 깨닫게 한다. 아이들은 부모가 시키는 대로 행동하지 않는다. 부모 말을 잘 듣는 순한 아이들은 가르치기 쉽다. 아이들은 행동하는 습관을 들여줘야 하며 커

갈수록 이유를 설명해주어야 한다.

　여기서 아이에게 좋은 운동 하나를 소개하겠다. 무조건 시켜야 하는 것이다. 아이가 별로 싫다고 안 할 운동인데, 이것만 해도 운을 좋게 만들 수 있다. 어떤 운동이냐 하면, 다름 아닌 턱걸이다. 철봉에 매달려 올라서는 자세이다. 이는 단순히 근육단련처럼 보이지만 실은 영혼에 커다란 이익을 가져다주는 운동이다.

　사람의 행동과 자세가 영혼에 영향을 준다는 것은 앞서 누차 얘기했다. 턱걸이의 뜻을 알아보자. 이는 뇌천대장雷天大壯이라는 자세인데 장군 같은 마음이 생긴다는 것이다. 하늘로 오르고 땅을 내려다보는 자세, 이것이 턱걸이 운동인데 이로써 대장군 같은 마음이 생긴다. 주역에서 말하는 뇌천대장은 우레가 하늘 높이 오른다는 뜻으로, 이런 자세를 하면 영혼도 올라가 좋은 운을 일으킨다.

　턱걸이는 나는 새와 같은 마음이다. 아래로 하늘의 기운을 축적하는 자세, 아이에게 이 운동을 평생 권하고 싶다. 철봉에 매달리는 것은 어렵지 않다. 조금 지나면 팔을 당겨 턱을 올릴 수 있다. 집에 턱걸이 운동 기구를 설치해두면 좋을 것이다. 요즘은 실내에서 할 수 있는 간편한 장비가 있다.

아이 방이나 거실에 설치해도 좋다. 턱걸이를 단순한 운동으로 생각하지 말자. 힘써 오르려는 자세에서 인생의 성공을 배울 수 있다. 애써 오르다 보면 어느덧 영혼이 그렇게 변해간다.

✷ ✷ ✷

"어떤 사람이 턱걸이 운동을 한다.
체력이 좋아지는 것은 물론이거니와 영혼도 발달한다.
자신도 모르는 사이에 일에서 성공하며 행복하게 살게 된다.
철봉을 쉽게 당기고 오를 수 있기에
세상 일도 쉽게 풀리는 것이다.
새처럼 하늘을 오른다는 것은 성공하는 모습이다.
턱걸이는 성공의 습관을 영혼 속에 각인시키는 운동이다.
어른도 턱걸이를 하면 반드시 운이 개선된다."

친절이 가져오는 뜻밖의 행운

사람의 마음속을 들여다보면 거기에 무수히 많은 성품들이 가득 차 있다. 이 성품들은 후에 운명을 만들어낼 터이지만 그때까지 잠재적으로 활동한다. 어떤 사람은 재수 없는 성품을 갖추고 있을 것이고 또 어떤 사람은 좋은 운을 만들어낼 재료가 많을 수도 있다.

그런데 이들 성품은 영혼 안에서 항상 작용하면서 커지거나 작아지기도 한다. 각각의 성품들은 서로 부딪쳐 싸우기도 하는데 이 때문에 어떤 성품은 아예 없어지기도 한다. 물론 어떤 성품들은 힘을 합쳐 강화되기도 한다. 우리의 마음속은 이토록 복잡하게 살아 움직이는데 이는 마치 우리 몸 밖의 사회와 같다. 사회는 사람끼리 부딪치면서 성공과 실패가 생기며 또한 사람들은 서로 모여 연대를 만들기도 한다.

결혼하여 새로운 가족도 만들고, 사회 생활을 하며 친구를 사귀기도 한다. 우리가 알고 있는 사회는 이합집산離合集散이 끊임없이 일어난다. 이들이 바로 사회를 이끌어가는 원동력이다. 우리의 영혼도 그 안에서 사회와 똑같은 현상을 계속하는 중이다.

여기에는 유의해야 할 중요한 내용이 존재한다. 다름 아닌 성품들끼리 서로 당기거나 밀어내는 작용이다. 이로써 각각의 성품들은 세력을 형성하게 된다. 성품의 그룹이 생긴다는 뜻이다. 이때 성품들은 취향이 같은 것끼리 잘 모이는데 이것이 밖에서 바라보는 영혼의 정체성이다.

영혼은 선악이 서로 모여 악한 사람은 더욱 악해지고 선한 사람은 더욱 착해지는 현상을 초래하게 된다. 즉 악한 사람은 영혼 안에서 저절로 악한 성품이 커간다는 뜻이다. 선한 사람도 같은 방식으로 더 착해지는 것은 물론이다.

공자는 이렇게 말한 바 있다.

"군자는 점점 좋아지고 소인은 점점 나빠진다."

이것이 인간의 삶이다. 어떤 사람은 운이 나빠서 계속 재수 없는 일이 일어나는데 이는 마음속의 성품이 모여 계속 증가

하기 때문이다. 이렇듯 영혼의 작용은 밖에서 유입되지 않아도 안에서 생기기도 한다. 어떤 사람을 보면 평생 잘되는가 하면 또 어떤 사람들은 평생 운이 풀리지 않는다. 마치 하늘이 좋은 사람을 골라 계속해서 지원하고 있는 듯 보인다.

그러나 실은 나쁜 운명이든 좋은 운명이든 스스로 만들 뿐이다. 운명은 변하고 자라는 법이다. 나쁜 운명은 더욱 나쁜 운명이 되고 좋은 운명은 더욱 좋아진다. 이것이 핵심이다. 더 나빠지거나 더 좋아진다는 것이 바로 공자가 지적한 점이다. 우리는 살아가며 늘 첫 번째로 운을 살펴야 한다.

만약 악운이 계속된다면 스스로 영혼 속을 들여다보고 나쁜 버릇은 없는지 살피고 고쳐나가야 한다. 물론 좋은 운이 계속된다면 더욱 경건해야 하며 나쁜 운이 들어서지 못하도록 경계를 늦추지 말아야 할 것이다.

운명은 살아 있는 존재이다. 한번 나쁜 성품이 생기면 그것은 영혼 전체를 나쁘게 만들어버린다. 이 때문에 어린아이들의 교육이 절실하다. 아이가 단단히 좋은 성품을 갖추게 되면 이로써 좋은 성품만을 이끌어낸다. 좋은 아이는 좋은 행동만 하면서 살아간다.

반면 나쁜 아이들은 그런 성품이 계속 자라나고 밖에서도 나쁜 것만 골라서 배우게 된다. 아이가 훗날 점점 재수 없는 아이로 자라게 된다면 이는 이미 악운이 시작되고 있는 중이다. 반면 재수 좋은 아이는 이미 운이 좋아지고 있는 중인 것이다.

성품은 밖에서 씨를 뿌리는 것과 같다. 잘 골라야 하며 잘 길러야 한다. 여기서 영혼의 성품을 점점 좋아지게 만드는 방법을 하나 소개하자. 어려서부터 알고 지내온 사람이 있었다. 60년 이상 알고 지내오며, 나는 그의 인생을 생생하게 볼 수 있었다. 그는 어려서 가난한 집안에서 태어났고 특별히 좋은 성격을 가지고 있지도 않았다.

오히려 거칠고 다투기를 좋아하는 못된 아이였다. 누가 봐도 그 아이는 나쁜 인성을 가진 사람이 될 것으로 보였다. 이 아이의 운명은 어떻게 되었을까? 이 아이의 영혼 속에는 좋고 나쁜 성품들이 차곡차곡 쌓여 서로 작용하고 있었다. 무엇이 이겼을까? 나는 그의 60년 인생을 잘 알고 있기에 그 모습을 확실히 기억한다.

그에게는 한 가지 장점이 있었다. 다름 아닌 친절이었다. 대체로 사람들에게 나쁜 아이로 평가를 받았지만, 친절하다는 말은 꼭 들었다. 이는 그의 부모로부터 배운 성품이 분명했다. 그의 부모는 친절하기로 정평이 나 있었다.

동네 사람들은 그 집 부모를 만나면 기분이 좋아지는 사람이라고 평했다. 그 아이가 부모의 장점을 쏙 빼닮은 것이다. 그 아이의 친절은 햇빛처럼 밝았다. 한번은 이런 일이 있었다. 그 아이는 슬픈 일이 있었던지 집 앞에서 울고 있었다. 마침 지나는 행인이 그에게 길을 물었다.

행인은 그 아이가 울고 있는 것을 몰랐다. 아이는 울다 말고 그 행인에게 길을 자세히 가르쳐주었다. 그러고는 다시 울기 시작했다. 친절의 본성은 그의 슬픔을 잠시 물리쳤고 친절을 베푼 그 아이는 다시 자신의 슬픔을 이어갔던 것이다.

아이의 영혼이 볼 때 현재 자신의 슬픔은 내면의 슬픔이고 길 안내는 별개의 일이었다. 이 아이는 그런 아이였다. 싸우다 가도 도움이 필요한 사람을 보면 친절을 베푼 후 싸움을 이어 서 했다. 보통 아이라면 울 때 누가 말을 걸면 귀찮다고 물리 치고, 싸울 때 말을 걸면 화를 내는 법이다.

그런데 이 아이는 어떤 상황에서도 친절을 베풀었다. 이것 은 그의 부모로부터 상속받은 운명의 씨앗이었다. 그 아이는 명랑했고 인사성도 밝았다. 누가 도움을 청하면 자기가 하던 일을 중지했다. 또 그 순간 자신의 감정도 다스렸다. 이 아이 는 훗날 큰 인물이 되었다. 그의 영혼 속에 자리 잡았던 좋은 성품이 다른 나쁜 성품들을 물리친 결과였다.

주역에서 보면 친절이란 '화택규火澤睽'라는 괘상에 해당한다. 이 괘상은 진취적인 것을 상징하는데, 마치 바다에서 태양이 떠오르는 모습이다. 새벽 동해에서 떠오르는 태양을 상상해보라. 빛은 온 대지로 펼쳐진다. 아이의 운명의 빛도 이처럼 그의 인생에 퍼진다.

아이의 친절은 그 자체로 아름답다. 그리고 습관화되면 많은 단점을 소멸시켜준다. 만일 아이가 못된짓을 많이 해도 친절이라는 성품만 가져도 어느 정도 잘못을 무마할 수 있다. 친절한 아이가 되도록 키우라. 이는 아이의 장래를 점점 좋은 쪽으로 이끌어가는 힘이 된다. 친절은 태양이고 꽃이고 약이다.

이로써 영혼은 자기 자신에게 친절하게 될 것이며 이는 자기 자신을 잘 돌보게 하는 힘이 된다. 영혼이 스스로 돌본다는 것으로 이미 스스로 커 나가고 있는 중임을 뜻한다. 좋은 성품을 매번 가르치지 않아도 아이는 스스로 배우며 더욱 그 장점을 강화시키게 되어 있다.

❈ ❈ ❈

"남을 사랑하면 친절하게 되어 있다.
행동이 친절하면 마음도 착하게 변하는 법이다.
친절한 아이로 키운다는 것은
그 아이의 앞길에 안내 등을 켜주는 것과 같다."

주역의 원리로
아이의 운을 경영하라

"군자는 스스로 강해지기를 멈추지 않는다."
스스로 강해지는 것은 하늘의 본성이다.
대자연에 뿌려진 그 힘에 의해 보호받고 있다.
하늘의 그 힘을 나에게 가져오는 것은 스스로의 몫이다.

5
장

새로운 운의 기운을 끌어오는 바람

우리가 사는 우주 대자연은 물질의 세계이다. 물론 영혼의 존재를 따지지 않을 때 얘기이다. 물질세계는 주역에서 음의 세계라고 하는데 시공간 모두 여기에 해당한다. 이곳에는 에너지라는 것이 있어서 작용을 일으키고 우주는 변화해간다.

우주에 있는 에너지의 총량은 언제나 같다. 에너지가 일정하다는 것, 이것이 음의 본질이다. 영혼의 세계는 다르다. 이 세계는 양의 세계라서 에너지는 쓰고 또 써도 언제나 새롭게 생겨난다.

운이라는 것도 마찬가지이다. 우리의 운은 쓰면 쓸수록 더 많이 만들 수 있다. 운은 지갑 속의 돈과 다르다. 무한히 나오는 신비한 존재이다. 그래서 운은 사용할수록 유리하다. 얼마든지 있으니 계속 사용하면 그만큼 유리하다.

행운이란 것은 바로 이렇게 생겨난다. 행운이 액운으로 바뀌지 않는 한, 행운은 계속된다. 잘되는 사람이 계속 잘되는 이유도 여기에 있다. 물론 운이 나빠질 수 있다. 하지만 이것은 나 자신 때문이지 정해진 운이 다한 것은 아니다. 운의 이러한 성질을 잘 이해해야 한다.

정해진 한계가 없다는 것, 잘 운용하면 운은 계속된다. 물론 운을 유지한다는 것은 쉽지 않다. 그래서 잘될 때도 경계심을 늦추지 말아야 하고 경건함을 유지해야 한다. 운의 유지는 생기게 하는 것만큼 어렵다. 액운이 있으면 이를 없애도록 애써야 하며 행운이 오면 이를 잘 유지해야 한다.

그런데 운은 생기게 하는 법이 있다. 영혼 속에 숨어 있던 운을 가져다 쓰는 것이 아니라 즉석에서 만들기 때문이다. 양의 세계에서만 가능한 일이다. 없던 것을 있게 만들어야 한다. 이를 일컬어 새로움이라고 하는데 하늘은 항상 새롭다. 우리는 이 새로움을 공기처럼 마시고 사는 존재이다.

이것을 더 강하게 하려면 어떻게 해야 할까? 그 방법을 얘기해보자. 주역에서 새로움은 바람이라고 한다. 바람의 상징이 새로움이란 뜻이다. 그리고 상징이란 것은 실제 세계를 창조해낸다. 이것이 주역의 법칙이다. 다소 어려운 개념이지만 쉽게 얘기하면 이렇다. 좋은 일을 하면 좋은 일이 생긴다. 이때 어떤 좋은 일인가는 상관없다. 그저 좋은 일이기만 하면 된다.

우리는 이를 이용해서 운을 만들어낼 수가 있다. 옛 성인이 날마다 새로워지라고 한 이유가 여기에 있다. 우리가 새로움의 상징을 갖추면 새로운 운이 생겨나는 것이다. 예를 들어 새 옷을 입고 거리에 나서는 것도 새로움을 이끌어내는 행위에 해당한다.

그런데 이 힘을 강화시키는 방법이 있다. 그것은 바람을 쏘이는 것이다. 주역에서는 바람을 '새로움'이라고 하며 하늘의 사자라고도 부른다. 우리 주변에 있는 바람이 그런 존재이다. 간단히 말해 바람을 쐬면 좋은 일이 생긴다는 뜻이다.

바람은 감기도 가져오지만 행운도 가져오는 존재라는 것을 잊지 말자. 자주 바람을 쐬도록 해야 한다. 바람을 맞으러 나갈 기력이 없으면 우선 그런 몸을 만들어야 하고 그다음엔 열심히 바람을 맞아야 한다. 예부터 풍욕風浴이란 것이 있는데 바람에 목욕을 한다는 뜻으로 신선들의 수행방법 중 하나이다.

신선의 도를 공부하는 사람은 바람으로 목욕함으로써 몸도 건강하게 하고 행운도 만들어낼 수 있다. 이것을 일컬어 도인은 바람을 바꾸어 황금을 만들어낸다고 한다. 신선의 도는 우리도 쉽게 수행할 수 있다. 세상엔 바람이 얼마든지 있기 때문이다. 산에도 있고 바닷가에도 있고 들판에도 있다. 바람을 즐기면 된다.

집에서 창문만 열어놓아도 행운이 찾아오는 법인데 자연에 나가 직접 바람을 맞이하면 더할 나위 없이 좋다. 바람은 어느 곳에 있든 다 좋다. 하지만 선풍기 바람은 새로움이 아니다. 하늘의 사자도 아니다. 그래서 선풍기 바람은 행운을 가져다주지 못한다.

풍욕에 대해 좀 더 설명하자면 집 안에서 옷을 다 벗고 바깥 바람을 끌어들이는 방법도 있고 직접 나가서 바람을 맞는 방법도 있다. 어느 것이든 좋다. 매일 실행하면 건강에도 좋고 더불어 행운까지 맞이할 수 있다.

❀ ❀ ❀

**"가족과 함께 바람을 쐬러 나가보는 것도 좋은 일이다.
이때 바람은 등 뒤로 맞지 말고
가슴으로 부딪쳐 맞아야 한다.
행운은 앞에서 오고 액운은 뒤에서 오기 때문이다.
가슴으로 바람을 맞으면 병도 치료할 수 있다."**

된다, 된다, 나는 될 수 있다

영화 〈007〉 시리즈의 주인공 제임스 본드는 대단한 능력자다. 능력자인 그는 수많은 위기를 넘기며 위험한 임무를 완수한다. 가히 초인적 능력을 가졌다 할 수 있다. 게다가 그는 운이 아주 좋은 사람이다. 절체절명의 위기 상황에서도 용케 살길이 열린다. 실력과 운을 갖춘 주인공의 활약상을 보며 우리는 짜릿함과 동시에 재미를 느낀다. 주인공처럼 막강한 운과 능력을 갖췄다면 세상 살기가 쉬울 것이다. 그래서 제임스 본드가 위대한 인물처럼 보이기까지 한다. 실력이 있고 운도 따르는 그런 사람이 바로 위대한 사람이 아닐까.

역사상 위대한 인물들은 실력 외에 운도 갖추고 있다. 전쟁 영웅, 탐험가, 스포츠 선수를 비롯해서 성공한 사업가도 실력과 운을 두루 갖추었다. 운에 대해 주목해보자. 그들은 도대체 어떤 존재이기에 실력에다 운마저 따른다는 것인가! 운이 좋다는 것에 우리는 그저 감탄할 수밖에 없다. 이렇게 말하는 사람도 있다. "그 사람은 운이 좋아서 그렇게 된 것이지, 실력은 별로야."

그렇다면 '운이 좋다'를 어떻게 설명해야 할까? 이것이 핵심 질문이다. 운이 좋은 사람은 그저 운이 좋아서 그렇게 된 것인가? 그렇지 않다. 운이 좋은 사람은 그만한 이유가 있다. 그것은 그가 강한 사람이어서이다. 체력을 말하는 게 아니다. 정신력이다. 다르게 말하면 그는 영혼의 힘이 강하다. 운이라는 것은 영혼이 만드는 것으로 힘이 강하면 운은 따라오게 되어 있다. 비록 영화 속이지만 〈007〉의 제임스 본드는 아주 강인한 사람이다. 그는 포기하거나 좌절하지 않고 임무를 끝까지 추진한다. 보통사람은 지칠 만한데 그는 정신력으로 초인적 힘을 발휘한다.

정신력은 도대체 무엇이며 어떻게 그것을 갖출 수 있을까? 답은 의외로 간단하다. 정신력은 스스로 발동하는 것이므로 계속 강해지겠다고 마음먹어야 한다. 이로써 정신력은 차츰 강해지는 법이다. 이는 운동을 열심히 해서 생기는 것이 아니다. 정신력은 스스로 발생시키는 것이지 운동을 하거나 비타

민을 먹어서 생기지 않는다. 착해도 정신력이 생기는 것이 아니고 지식이 많아도 마찬가지이다. 정신력이란 그저 정신력일 뿐이다.

다시 말하겠다. 정신력은 정신력으로 만드는 것이다. 이제부터 정신력을 기르겠다고 마음먹으면 그것으로 된다. 물론 정신력이 강해지도록 실천해야 한다. 이는 영혼 자체에서 끌어내는 것이지 밖에서의 훈련으로는 안 된다. 물론 몸으로 애쓰면 정신력이 다소 강해질 수는 있을 것이다. 하지만 이는 간접적인 방법일 뿐이다.

주역에서 이렇게 말했다. "군자는 스스로 강해지기를 멈추지 않는다." 스스로 강해지는 것은 하늘의 본성이다. 온 세상을 다 이룩해놓고도 그 힘은 여전히 대자연에 뿌려지고 있다. 우리는 그 힘에 의해 보호받고 있는 중이다. 하늘은 그 힘으로 억조창생을 보호하면서 기르고 있다. 이 힘을 나 자신에게 더 가져오는 것은 자신의 몫이다.

하늘의 기운은 바닷물처럼 무한히 담겨 있다. 그것을 인간이 가져다 쓰는 것을 하늘은 굳이 말리지 않는다. 우리 자신들의 정신력은 어떨까? 건강하고 힘차고 공부도 잘하기 위한 정신력은 따로 있다. 잘 살피면 그것이 보이는 법이다.

마라톤선수 얘기를 잠깐 해보자. 세계적으로 위대한 선수들은 육체의 한계를 넘어서고 있다. 육체의 한계란 의사들이 신체를 연구하여 얻어낸 과학적 결론이다. 아무리 강한 사람이라도 생리작용에 의해 그 끝은 있다고 의사들은 말한다.

의사들은 마라톤선수들이 미래에 이룩할 수 있는 한계를 설정해놓았다. 산소공급량, 근육량, 피로회복능력, 강인한 노력 등 모든 것을 종합하여 한계를 정한 것이다. 그런데 그것은 언제나 깨져 왔다. 이는 분명 육체의 기적이라고 부를 만하다. 선수 자신은 최악의 순간, 몸이 힘을 다해 더 나아갈 수 없는 순간에 부딪혔을 때 갑자기 신비의 힘이 작용하는 것이다. 이는 영혼에서 발출되는 힘으로 물질자연계법칙을 넘어선다. 영혼의 힘은 이런 것이다. 육체의 힘은 다 쓰면 지치게 되고 회복하려면 시간이 걸린다. 그러나 영혼의 힘은 아무리 가져다 써도 끝이 없다. 영혼의 힘은 실로 태산을 움직일 수 있으며 없는 운도 창조해낸다. 그리고 나쁜 운마저 치료해준다.

자녀교육은 크게 두 가지로 말할 수 있는데, 하나는 앞서 얘기한 귀한 사람이 되는 것이다. 그리고 또 하나는 지금 말하는 운과 정신력을 강하게 키우는 교육이다. 귀하고 강하면 운은 계속 좋아지게 되어 있다. 이것이 대자연의 법칙이다. 부모들은 아이의 기능보다는 정신력이 강해야 한다는 것을 항상 가르쳐야 한다. 아이는 그 말만 들어도 의지가 생기는 법이다. 강한 의지가 바로 정신력이다. 아이를 편안하게만 키우는 것은 정신력을 길러주는 방법이 아니다.

귀한 것과 강한 것은 주역에서 음양의 힘이라고 한다. 이것은 마음먹으면 될 수 있다. 그리고 간접적인 방법이긴 하나 아이를 시련에 노출시킬 필요가 있다. 배고픔, 추위, 더위, 화 등을 참는 데 애써보는 것이다. 그리고 아이가 스스로 정신력을 기르기 위해 이런 훈련을 한다는 이유를 알고 있어야 한다. 정신력을 기르고 있다는 것 자체만으로 정신력은 길러질 수 있다.

❀ ❀ ❀

"아이가 세상의 모든 일에 미숙하다 할지라도
정신력만큼은 남보다 강하게 키워야 한다.
이는 존재에 대한 자존감이다.
자존감이 있어야 실패해도 다시 일어날 수 있다.
귀한 존재로 강한 정신력을 가지고 있다면,
이제 배우고 노력해 실력을 갖추면 된다.
운은 알아서 찾아오고 있다."

하늘의 기운 느끼기

저 드넓은 세계, 하늘! 땅과 하늘 사이에 살고 있는 우리 인간은 두 존재로부터 항상 기운을 받고 있다. 이 기운이 없다면 우리의 운은 사그라지고 앞날도 존재할 수 없게 될 것이다.

세상은 하늘이 있고 나서 땅이 생겨났다. 이것이 주역에서 말하는 음양의 원리이다. 저 하늘에는 별이 있다. 그것은 우리가 사는 땅과 같은 존재이지만 멀리서 바라본다는 데서 뜻은 차이가 있다. 멀리서 바라보면 이는 전체를 보는 것이고 가까이서 보면 부분을 보는 것이다.

우리는 하늘을 바라보면서 세상의 전체를 생각할 수 있으며 그로 인해 기운을 얻을 수 있다. 하늘의 별을 바라보라. 생태학자이자 미래학자인 라이얼 왓슨Lyall Watson은 우리의 영혼은 바라보는 곳으로 순간적으로 이동한다고 말했는데, 하늘의 별을 바라보는 것은 그것에 간다는 뜻이다. 몸이 가지 않아도 마음은 갈 수 있다. 이로써 하늘의 운행에 참여할 수 있다.

언젠가 지인과 함께 강원도 홍천에 가서 하늘의 별을 관찰한 적이 있다. 서울에서는 잘 보이지 않는 별들이 보였다. 하늘에 떠 있는 수많은 별들의 이름을 지인과 얘기 나누었다. 존재하는 모든 것은 이름이 있다. 하늘의 별도 예외가 될 수 없고 이름에 자신의 뜻을 실어 보내고 있는 것이다.

그날 홍천 하늘에서 특별한 것을 보게 되었다. 우리가 보는 밤하늘은 은하수인데 그 안에는 무수한 별이 있다. 내가 본 것은 이 은하수의 별이 아닌 다른 것이었다. 망원경을 통해 우리 세상 너머의 별을 본 것이다. 실은 그 별도 한 개가 아니고 무리였다. 우리의 은하계처럼 그들은 세계를 이루고 있었다.

멀고도 먼 곳이다. 그런 곳을 보면서 세상이 넓은 것을 실감할 수 있었다. 어느새 나의 영혼은 하늘을 날고 있었다. 실제로 날고 있었다. 영혼이 바라보면 그곳에 간다는 것과 뜻이 같다. 속도는 무한대이다. 망원경에 비추어진 별의 집단은 안드로메다라는 이름으로 불리는데 그곳에서 수백만 년 전에 별빛이 출발하여 이제야 나의 눈에 나타난 것이다.

나는 망연히 하늘을 바라보며 경건한 마음을 가다듬었다. 미미한 존재가 그토록 광활한 세계를 바라본다는 것만으로도 그곳의 기운이 내게 전달되고 있었다. 나는 사실 어려서 하늘을 바라보는 취미가 있었다. 그리고 별들의 이름을 외웠다. 당시에는 별자리에 관한 책도 없어서 동네 어른들이 얘기하는 것을 듣고 배웠을 뿐이다.

내가 아는 어떤 사람은 하늘에 보이는 거의 모든 별의 이름을 알고 있다. 그는 끊임없이 별자리를 찾고 이름을 외운다. 취미라고 하지만 이는 아주 위대한 일이다. 그의 운은 하늘처럼 넓어질 것이다. 여기서 나는 하늘놀이라는 것을 소개하겠다. 이는 하늘의 기운을 받는 데 아주 유용하다.

특히 아이들에게 하늘놀이를 권장하고 싶다. 간단한 방법이다. 하늘의 한 지점을 보고 별 하나를 정해놓고 바라보며 마음을 그쪽에 보낸다. 이렇게 하면 그 별의 기운이 내게 찾아오는 법이다. 영혼의 세계는 그렇게 되어 있다. 눈에 보이는 아무 별이나 바라보며 시작해도 좋다. 이왕이면 별의 이름을 알고 하면 더욱 좋을 것이다. 우선 별을 택하고 제2의 별을 택한다. 이름을 알면 좋지만 몰라도 상관없다. 집중해서 바라보기만 하면 된다.

다음 단계로 두 별을 연결시켜본다. 두 별을 교대로 바라보며 집중해서 연결시켜야 한다. 다음으로 세 번째 별을 정하고는 세 별을 연결해본다. 이렇게 하나씩 늘려 계속하다 보면 많은 별들을 연결할 수 있다. 처음엔 무미건조할 수도 있다. 그러나 계속하다보면 많은 별들을 연결시키며 볼 수 있게 된다. 이것이 별을 보는 방법이다.

바닷가 풍경을 보듯 막연히 바라보면 이는 하늘의 별을 본 것이 아니다. 마음을 정성스럽게 보내고 다른 별을 서로 엮는다. 이 일은 막연한 것을 가깝게 실감하는 비결이다. 운명이란 어느 때 보면 막연하기 그지없다. 그러나 운은 항상 가까이 있다.

사람은 운과 함께 사는 존재이다. 운은 하늘의 별과 같다. 우리가 하늘을 바라보며 별들을 일일이 묶어나가면 그 별은 어느새 내 것이 된다. 그곳에서 운이 발생하여 내게 다가온다. 하늘놀이, 또는 별 바라보기는 심량心量이 작은 아이에게는 꼭 필요하다.

마음은 크기가 있다. 이 마음은 살면서 점차 크기가 작아진다. 눈앞의 일에 급급하다 보니 이렇게 된다. 기지개를 켜라는 말이 있고 심호흡을 권하기도 하는데, 영혼을 호흡시키는 데는 하늘만 한 것이 없다. 막연히 하늘을 바라보면 힘들 테니 별들과 함께 보는 것이다. 오늘날 도심에 사는 아이들은 별을 볼 기회가 없다. 하늘은 언제나 뿌옇고 막막하기만 하다. 그래서 종종 서울을 떠나 별을 바라봐야 한다.

❀ ❀ ❀

"별을 세거나 엮거나 이름을 외우기 귀찮으면
하늘에 별이 있다는 사실을 음미하면 된다.
나는 혼자가 아니다. 별처럼 많은 존재 중에 하나일 뿐이다.
이런 생각을 하게 되면 영혼은 새로운 각오가 생기는 법이다.
무서움이 많거나 소심한 아이들은 별 보기가 약이다.
특히 심량이 작은 아이에게는
어떻게든 별을 바라보게 해야 한다.
별을 보지 못하고 자란 아이는 우물 안의 개구리가 되고
영혼도 보잘것없어지고 말 것이다."

사람 공부

스티븐 호킹 박사는 우주가 무無의 요동에 의해 발생되었다고 발표했는데 이는 자연과학의 첨단원리인 불확정성원리에 바탕을 둔 것이다. 세상은 우연히 만들어졌다는 뜻으로 이해하면 될 것이다. 좀 더 심각하게 얘기하자면 우주는 만들어질 운명이어서 만들어졌다고 할 수도 있다.

주역이라는 학문에서는 태극이 음양으로 분해하면서 만들어졌다고 하는데 위의 이론 모두가 실은 같은 내용이다. 여기서는 좀 더 쉽게 풀어보자. 태초 이전에 우주는 스스로 존재하는 양이라는 것이 발현되었다. 이는 하늘이라고도 하는데 양의 집합체를 말한다. 하늘은 스스로 존재하는 것이니 이유가 따로 없다. 양이란 언제나 시작일 뿐 그것의 원인은 없다.

그다음으로 나타난 것이 음으로, 바로 호킹 박사가 말하는 물질우주이다. 세상은 먼저 양이 있었고 다음으로 음이 생긴 것이다. 그후 우주는 음양이 서로 작용하여 우주의 역사를 만들어가다가 급기야는 생명체를 만들어내었다. 생명체는 주역에서 인人이라고 말한다. 천지인 삼재라는 말을 들어봤을 것이다.

세상은 하늘이 만들어지고 땅이 만들어진 다음 마지막으로 인간이 만들어졌다. 이것이 천지인 삼재이다. 우주의 모든 것을 얘기하는 것이라고 보면 된다. 천天은 양이고 지地는 음이고 인人은 음양의 절충이다. 중성이라고 해도 좋다. 노자는 충忠이라는 단어를 사용하기도 했는데 천지인 삼재의 전개 순서는 어느 이론이나 똑같이 설명하고 있다. 여기서 주목되는 것은 인人이다.

인이란 인간하고는 다른 개념으로 모든 생명체를 말하는 것이고 인간은 그중에 대표적인 존재일 뿐이다. 인은 중성이므로 그 안에 양이 들어 있다. 이것이 바로 우주내면의 존재인 영혼이다. 그리고 물질이 교묘하게 틀을 갖춘 것이 생명체의 몸을 말한다. 여기서는 다른 생물을 말하지 말고 인간에게만 주목하자. 인간의 영혼만이 뚜렷하고 인간의 몸이 가장 발달했기 때문이다.

인간은 천지인의 종합체이다. 여기에 우주 대자연의 모든 뜻이 들어 있다. 인간이 없으면 자연계도 뜻이 없다고 볼 수 있다. 땅의 식물과 하늘의 별을 통해서 천과 지를 배웠다. 여기선 삼재의 마지막 요소인 인에 대해 얘기해보고자 한다.

어린아이들은 엄마의 배 속에서 나와 몸의 성장을 기다리다가 마침내 세상이 있다는 것을 알게 된다. 그 세상에 나 외에 다른 사람이 있다는 것도 알게 된다. 비로소 인생이 시작된다. 사람은 사회를 이루고 살아간다. 세상에는 각종 부류의 사람이 있는데 이를 알고 산다는 것은 자기 존재의 뜻을 더욱 분명하게 하는 일일 것이다.

사람이란 모름지기 사람을 배워야 한다. 사람은 많은 것을 배우면서 살아가는 존재이다. 문명이 발전한 오늘날에 와서는 배울 것이 점점 많아지고 있다. 하지만 이 중에서 무엇보다도 사람을 알아야 한다. 옛날의 우리 조상들은 이것을 진작부터 알고 있었다. 그래서 사람을 아는 것을 사士라 하여 가장 높은 가치를 두었다.

반면 자연의 잡다한 내용은 기技라 하여 사보다는 낮은 수준으로 평가했다. 오늘날에 와서는 오로지 기技만 중시한다. 사람이 사람을 알아야 한다는 것은 어디를 가도 가르치지 않는다. 하지만 인간 세상에서 이보다 더 중요한 것은 없다. 사람은 사람을 알아야 발전하고 운도 좋아지는 법이며 존재하는 이유도 성립한다.

아이들의 교육에 있어서도 사람을 아는 것을 최우선으로 해야 한다. 아이들로 하여금 많은 사람을 만나보게 해야 한다. 사람을 가까이에서도 봐야 하고 멀리서도 봐야 한다. 사람을 보면 영혼은 집중하게 되어 있다. 사람은 서로 배운다. 이를 두고 상면경相面鏡이라고 한다. 남을 보며 자신과 비교해서 깨달아간다는 뜻이다.

아이를 학교에만 보낸다고 다 되는 것이 아니다. 사람을 만날 기회를 줘야 한다. 굳이 만남이라고 할 것도 없이 사람 구경을 시켜야 한다. 사람은 서로 만나는 순간 영혼이 발동하여 서로 기운을 소통한다. 오랜 세월 사람을 많이 만나면 그것만으로 충분한 공부가 될 수 있는 법이다.

사람이 있는 곳은 어디일까? 우선 가족들의 경조사 모임이 있다. 가능한 한 경조사에는 아이들을 반드시 대동하라. 시골 잔치 같은 곳도 아이는 다녀봐야 한다. 특히 시골장마당은 아주 좋다. 서울에서라면 재래시장도 좋다. 이런 데서 사람의 기운을 받을 수 있다. 어른들은 아이를 데리고 종종 이런 곳에 가야 한다. 방에 갇혀 책만 읽게 하지 말라. 공부라는 것은 밖에 나가 사람을 만나고 오면 더 잘되는 법이다.

　아이들의 사람 구경을 위해 여행을 해도 좋다. 문명이 발달한 곳도 좋지만 낙후된 곳으로의 여행도 도움이 된다. 아프리카나 몽골, 중앙아시아의 산골 마을 등으로 여행을 떠나도 좋다. 물론 여행하기 좋은 곳은 아니다. 문명이 발달된 곳에서는 사람을 봐도 본 것이 아니다. 사람의 기운이 문물에 가려져 있기 때문이다. 사람을 본다는 것은 순수한 상태에서 봐야 한다. 겉으로 가려진 것이 적어야 된다는 뜻이다.

"오늘날 교육은 사람 대 사람의 만남에 의미를 두지 않는다.
책상에 앉아 공부하는 것에만 집중하는 교육이 대세이다.
사람은 사람을 만나며 발전하는 법이다.
혼자 생각하면 퇴보하는 법이다."

오늘의 나를 반성하면, 내일이 달라진다

M은 꿈이 많은 사람이었다. 그는 젊어서부터 자신의 꿈을 실현하기 위해 많은 일에 도전했다. 그러나 완전히 실패했다. 한 가지도 성공한 것이 없었다. 그럼에도 그는 의지가 꺾이는 법이 없었고 항상 먼 앞날을 생각하며 지냈다. 그의 마음속에는 성공한 앞날이 그려지곤 했다. 그의 앞날이라고 해봤자 대단한 것은 아니었다. 대부분 평범했거나 지금과 별로 다르지 않은 모습이었다.

그래도 그는 오로지 성공을 위해 열심히 살았다. 그의 나이 84세에 나는 그를 봤다. 그는 건강하기는 했지만 그 정도 나이가 되었으면 꿈을 실현하고자 할 때가 아니다. 지난날을 회고하거나 반성을 하고 또는 곧 닥칠 죽음에 대해 생각해두는 것이 마땅할 것이다.

나는 그 사람을 보는 순간 죽음이 멀지 않았다고 판단했다.
애석한 일이지만 그는 그런 앞날이 곧 닥칠 것은 모른 채 성
공할 날만 그리고 있었다. 그는 2년을 채 넘기지 못하고 세상
을 떠났다. 그뿐이었다. 누군가 그를 꿈이 많았던 사람이라고
기억할까? 인생에 있어 꿈이 있는 것은 좋은 일이다. 하지만
M은 실현 불가능한 꿈을 꾸었고 무엇보다도 시기를 맞추지
못했다.

나는 어렸을 적에 60년 앞까지 내다보며 지냈다. 적어도
20~30년 앞날을 생각했다. 먼 꿈은 화려했다. 그러나 2~3년
앞날에 대한 생각은 아예 없었다. 지금 우리의 아이들은 무슨
생각을 하며 지낼까? 미래에 닥칠 대학입시를 생각할까? 아니
면 아주 먼 미래를 생각하고 있을까? 이것은 부모가 반드시
알아두어야 할 내용이다.

현재 아이는 무엇을 생각하고 있을까? 중학생 정도라면 먼
앞날을 생각해도 무방할 것이다. 고등학생 정도라면 대학입시
를 생각하고 있을 것이다. 어쨌건 현실성이 있어야 한다. 대학
입시를 생각하고 있다면 합격할 수 있을지를 생각해야 할 것
이다. 그런 것은 누구나 생각하고 있다고? 그렇지 않다. 막연

히 생각하는 것은 생각하는 것이 아니며 진실한 생각을 방해하는 것이다.

사람은 현재 자기가 누군지를 정확히 알고 살아야 한다. 대학입시를 준비 중이라고? 이 또한 자신을 생각하고 있지 않은 것이다. 자신은 확실히 입시에 합격할 수 있는지 자신이 있어야 한다. 용기를 묻는 것이 아니다. 자신을 객관적으로 평가하고 있느냐이다. 잘 모르겠다고 말할 수 있지만, 막연히 모른다고 하면 안 된다. 이렇게 자신을 평가해야 한다. '나는 현재 실력이 없으므로 시험을 보면 떨어질 가능성이 많아!'

좋다. 그렇다면 왜 그런지를 생각해야 한다. 실력이 없어서? 좋다! 실력은 왜 없는가? 일찍부터 공부를 하지 않았기 때문에? 좋다. 그렇다면 이제부터 공부한다면 어떻게 될 것 같은가? 해봐야 안다고? 이는 좋은 생각이다. 이런 아이는 아직 실력을 갖출 희망이 있다. 현재는 자신의 성공을 확신하지 못하지만 실패를 단정하고 있지는 않는 것이다. 어느 정도 자신을 알고 있는 셈이다.

인류의 스승인 소크라테스는 "너 자신을 알라"고 했다. 이는 어린아이이거나 어른이거나를 막론하고 절대로 중요한 교훈이다. 사람은 현재 자기가 어떤 상태인지를 정확히 파악하고 있어야 한다. 이를 일컬어 도인들은 자신을 만나고 있다고 말한다. 대개의 사람은 자기 자신을 만나지 못하고 살고 있다. 들떠서 살고 있다는 뜻이다. 이는 자신을 저버리고 있다는 뜻도 된다. 이유는 단순하다. 실력이 없거나 운명을 이미 예측하고 있기 때문이다. 이런 사람은 실패하는 그날을 기다릴 뿐 특별히 대책이 없다. 미래를 정조준하고 있지 않다.

열심히 한다고 되는 일이 아니다. 어떤 아이들은 언젠가부터 자기 자신을 따라잡지 못하고 있다. 밖을 생각하느라고 정작 자신의 실체를 파악하지 못하게 된 것이다. 아이들은 아주 빨리 자라고 지나간 시간은 다시 오지 않는다. 어려서부터 사는 재미(?)에 중독되었거나 오만하거나 태만하거나 부모가 엉뚱하게 가르쳤거나 하여 자신을 놓치고 있다. 이제라도 문제점을 알아야 한다.

단 하나의 표현으로 귀결시킬 수 있다. 아이는 현재 자기 자신을 만나고 있는가? 막연히 미래를 생각하며 앞으로 나아갈 뿐인가? 이는 잠자면서 걷는 것과 다를 바 없다. 부모는 아이가 스스로의 실체를 파악하게 해줘야 한다. 아이가 만족스럽지 못하다고 야단치라는 것이 아니다. 당장에 고치라고 하는 것도 아니다. 사람은 쉽게 고칠 수도 없지만 쉽게 고칠 수도 있다. 이는 아이 스스로가 자신의 현주소를 파악하고 있느냐에 달려 있다.

부모는 수시로 물어봐야 한다. 열심히 하고 있지? 또는 될 것 같니? 무슨 문제가 있니? 우리의 영혼은 원래 밖을 보려는 성질이 있다. 항상 관심이 밖으로 향한다. 양이기 때문이다. 도인들은 이를 고치려고 무던히 애쓰는 중이다. 흔히 '안을 보라!'라고 하는 것이 그 이유다.

도인이 아닌 보통사람에게도 이는 필요한 일이다. 특히 아이들에게는 절대 필요하다. 우리는 항상 거울을 보며 자신의 신체를 파악하고 있지 않은가! 그런데 어째서 스스로의 마음은 보려고 하지 않는가! 소크라테스의 가르침이 바로 이것이다. 밖으로 추구하는 것만큼 안을 고치려 하지 않는가? 이는 안을 들여다보지 않기 때문이다. 다른 말로 자신을 만나고 있지 못하다.

❀ ❀ ❀

"아이가 실력을 갖추는 것은
실은 오랜 시간이 걸리는 것이 아니다.
아이가 정확히 자신을 만나기만 하면
늦더라도 쉽게 따라잡을 수 있다.
영혼은 자신을 돌아볼 때
기적적인 힘을 발휘할 수 있는 법이다.
실력은 물론이고 운도 순식간에 만들어낸다.
'공부하기에 너무 늦었어'
'우리 아이는 공부 체질이 아니야' 하는 말들은
아이에 대한 악담이고 저주일 뿐이다.
아이로 하여금 매일 스스로와 만나도록 해줘야 한다.
이것이 산교육이다."

살아 움직이는 냇물의 힘

물은 우주를 통틀어 가장 소중한 물질이라 할 수 있다. 생명체
도 여기서 비롯된다. 오늘날 여러 행성에서 물이 발견되고 있
다. 그곳에는 분명 생명체가 있을 것으로 과학자들은 기대하
고 있다. 태양계 내에서는 화성의 지하에 물이 있고 목성의 위
성 유로파도 바다가 있는 것으로 조사되고 있다.

지구는 수십억 년 전부터 물이 있어서 수많은 생명체가 서
식하고 있다. 물은 땅의 보물이다. 땅 자체는 생명력이 없으나
물에 의해 땅은 기운이 충만한 상태가 된다. 우리에게 만약 물
이 없다면 삶은 불가능하다. 과학자들은 물이 곧 생명체라고
간주하고 있다. 그래서 우주에서 물을 찾는 것은 생명체를 찾
는 것과 같다.

우리는 항상 물과 접하고 있어 물의 고마움을 간과할 때도 있다. 그러나 우리가 벌판에 나갔을 때 물이 있으면 크게 반가워하고 그곳에 잠시라도 멈추게 된다. 물은 지구상에 여러 형태로 존재하고 있다. 우선 바닷물이 있고 호수가 있으며 흐르는 물이 있다. 그리고 하늘에는 구름이 있고 공기 중에는 안개가 있다.

물은 땅으로부터 하늘 높이 올라가고 비를 만들어내기도 한다. 물은 땅속 깊은 곳에도 자리 잡고 있는데 미국에서는 지하에 거대한 호수가 발견되어 화제가 된 적도 있다. 물은 신비하고 평화롭다. 그리고 아름답다.

주역에서 물은 어린아이를 상징하고 자유를 상징하고 풍부함을 상징하고 감정을 상징한다. 또한 물은 존재하는 형태에 따라 많은 뜻을 만들어내기도 한다. 하늘에서 내리는 비는 분쟁을 상징하고 구름은 휴식과 공급이며 바닷물은 어른을 상징하며, 시냇물은 어린아이를 뜻한다.

시냇물에 주목해보자. 이것은 산에서 내려오거나 하늘에서 내려 땅을 가로지르며 흘러간다. 그러면서 대지에 생명력을 공급하고 있다. 시냇물은 어린아이로 생동력이 강하고 힘차게 활동한다. 우리는 흐르는 냇물을 바라보며 희망찬 내일을 생각해내기도 한다. 냇물은 그냥 바라보고만 있어도 힘이 절로 생긴다.

물론 주역에서는 음중양이라고 해석하는데 땅 자체는 음중
음이다. 음중음은 죽어 있다는 뜻이다. 음중양은 죽음에서 생
명이 일어나는 것을 상징하는데 냇물은 그중에서도 살아서
이미 활동을 시작한다는 뜻이다. 그래서 우리의 영혼은 흐르
는 물을 보면 춤을 추듯 감응한다. 우리는 항상 물과 접하고
있기 때문에 흐르는 물에 대한 커다란 의미를 놓치기 쉽다.

인류는 태어나서 언제나 물가에 살았다는 것을 생각해보자.
이는 물에서 생명의 기운을 공급받고 있었다는 뜻이다. 물질
뿐만 아니라 물이 갖는 상징에서도 기운을 얻었고 흐르는 물
에서는 시간의 흐름도 이해하고 그 맑음에서 마음을 정제하
기도 했던 것이다.

도심에 사는 아이들은 냇물과 접할 기회가 적은데 이는 매
우 아쉬운 일이다. 이는 도시의 아이들이 냇물의 기운을 받고
자라지 못한다는 의미이다.

운명의 섭리에서는 흐르는 냇물과 접하면 영혼이 감응하여
운의 맥이 이어지고 또한 운명의 수명이 길어진다. 운명의 수
명이란 행운이 지속되고 있는 것을 뜻한다. 영혼은 냇물에서
운의 지속력을 얻어내고 운을 자주 발생시킨다. 냇물의 기운

을 전혀 받지 못한 아이들은 어느덧 노인처럼 변하고 운이 짧아지며 새로 운이 발생하다가 자주 멈추게 된다. 이는 급히 개선해야 할 문제이다.

아이들에게 냇물을 접할 기회를 만들어줘야 한다. 자주 접할수록 아이는 건강해지고 운의 생성력이 증대되는 법이다. 어려운 일도 아니다. 종종 시간을 내서 냇물을 보러 자연으로 나가면 된다. 냇물은 보기만 해도 힘을 얻을 수 있다. 하지만 가까이 가서 손으로 직접 만지면 효능은 훨씬 더 강해진다. 이렇게 자란 아이는 언젠가 운이 활성화될 것이다.

냇물은 그저 보고 즐기는 것이 전부가 아니다. 사람들은 잘 모르겠지만 흐르는 물에서 운이라는 것을 채취할 수 있다.

바닷물과는 다르다. 바닷물은 크고 넓지만 젊은 기운이 있는 것은 아니다. 냇물은 어린아이 같은 존재이기 때문에 생명력이 무한하다. 아이가 도서관에 앉아 있으면 머리를 쓰게 되고 지식은 늘어날 수 있다. 그러나 대자연의 기운을 얻을 수는 없다.

영혼은 먼저 기운을 얻고 나서 후에 그 기운을 활용하는 법이다. 냇물을 찾아나서라. 아이들로 하여금 물을 만지게 하거나 발을 담그게 하라. 물이 깨끗하고 위험하지 않으면 물속에 들어가면 더욱 좋다. 물놀이는 아이의 영혼에 영양을 공급하며 운을 활성화시켜준다. 바다만 찾지 말고 들판의 냇물이나 산속의 개울도 찾아보라.

"물에 자주 가게 되면 어느새 아이는
기운찬 모습으로 자라게 될 것이다.
아이의 인생은 들판을 흐르는 냇물처럼 힘이 있다.
오래오래 흐를 지어다."

좋은 운이 모이는 방

영혼의 힘은 벽도 뚫고 지나간다. 영혼은 빛보다 가늘고 빠르다. 저 우주 끝이라도 도달하는 데 1초도 걸리지 않는다. 라이얼 왓슨은 영혼은 무엇이든 보면 그곳으로 달려가는 성질이 있는데 아주 먼 별까지도 갈 수 있다고 말한다.

이 모든 것은 영혼이 양이기 때문인데 영혼은 물질세계의 관점에서 무無의 파동이다. 흔히 생각하기에는 무라는 것은 없는 것이어서 파동이 있을 수 없다고 말하지만 우주 전체가 무라고 하는 신비의 공간에 떠 있는 존재라는 것을 상기하기 바란다. 무는 없는 것이지만, 존재하는 모든 것들 중 가장 크고 또 작다. 모든 것보다 작다.

무라는 것은 존재하는 어떤 것을 통과할 때 흔적을 남기며 이동한다. 이것이 소위 말하는 '기운'이다. 영혼은 이로써 주변의 모든 것을 파악하고 한편 모든 것으로부터 영향을 받는다. 천지 대자연의 구조로부터 영향을 받는다는 뜻이다.

이것을 구체화한 것이 풍수학風水學이다. 영혼은 죽지 않고 주변 상황을 느낀다. 경치를 느끼고 바람이 부는 것도 느낀다. 바위와 나무의 존재도 느끼고, 그것이 갖는 모든 특성을 느낀다. 풍수학은 예전에 주로 묘 자리를 보는데 이용되어 왔다. 몸이 죽어도 영혼은 살아 있어, 주변을 느끼고 요동친다. 그에 따라 자손의 운에 영향을 끼친다는 것이다.

그런데 현대에 와서는 산 사람에 대해서도 풍수학을 활용한다. 당연한 것이다. 영혼이란 몸이 죽어도 엄연하게 살아서 주변을 감지하기 때문이다. 영혼은 어떤 건물 속에 들어가 있을 때 그 구조를 느끼고 반응한다. 소위 양택陽宅이라는 것이 이를 연구하는 학문이다. 다소 신비한 얘기로 들리지만 어려운 내용이 아니다.

우리는 물질인 음의 세계에 익숙해져 있다. 그러나 이는 세상의 절반에 해당될 뿐이다. 과학자들은 여전히 이를 믿지 않는다. 그렇다면 과학자에게 묻겠다. 방문을 아주 조금 열어 두었다고 하자. 잠이 잘 오는가? 문은 약간의 틈이 있을 뿐 이것이 실내 전체에는 어떤 영향도 주지 않는다. 그러나 왠지 뒤숭

숭해서 문을 꽉 닫고 싶어진다.

내가 아는 어떤 노인은 집 밖에 있는 소나무 한 그루를 잘라 내고 며칠 후 죽었다. 이는 풍수의 영향이다. 영혼은 집 밖에 나무가 있을 때는 거기에 머물고 있었는데 나무가 없어지자 한없이 달려 나갔던 것이다. 그러고는 돌아오지 못했다.

또 다른 예를 보자. 내가 어렸을 때 동네에 어떤 아이가 있었다. 그 집은 부잣집이었는데 아이가 잠을 못 자고 계속 울어댔다. 아이는 마룻바닥을 아주 싫어했다. 그것을 가리키며 울었다. 부모가 아무리 달래도 소용없었다. 그 집은 오래된 집이었고 구조가 훌륭해서 마음에 쏙 들었다. 아이는 집 안의 다른 곳은 다 좋다면서, 마루에는 가지 않으려 하고 무섭다며 울었다.

걱정이 된 부모는 무당을 불러 아이가 우는 이유를 물었다. 그 당시에는 몸이 아파도 무당을 부르고 사업에 실패해도 무당을 불렀다. 무당은 마루를 무섭게 쳐다보더니 안에 불길한 것이 있다고 말했다. 마루를 뜯었더니 그곳에 나무로 된 탈바가지가 있었다. 전에 살던 사람의 것이었거나 아니면 더 오래 전에 살던 사람의 것일 수도 있다. 어쨌건 아이의 영혼은 그 탈바가지를 감지하고 울어댄 것이다.

또 다른 얘기도 있다. 어느 부잣집 딸이 사업이 잘 안 되고 몸도 종종 아파서 풍수가를 불렀다. 그 사람은 대뜸 "부모의 묘지가 잘못되었군요. 그 안에 물이 차 있습니다"라고 말했다. 묘지를 파봤더니 풍수가의 말대로 물이 흥건히 차 있었다. 나도 그 현장에 가보았다. 풍수가는 아버지의 영혼이 딸에게 호소하는 것을 감지했다.

영혼은 이런 존재이다. 피라미드는 저 먼 이집트의 왕들이 환생을 꿈꾸며 축조한 것이다. 주변에서 들려오는 풍수 얘기나 무당 얘기는 끝이 없다. 이는 양의 세계를 말한 것으로 엄연한 사실이다.

이론은 이 정도로 하고 우리의 실생활 속에서 일어나는 실례를 얘기하자. 시골에 산다면 집이 주변의 경관에 영향을 받아 풍수의 원리가 작용한다. 도심은 딱히 경관이라 할 것이 없지만 옥내 풍수가 작용한다. 집 안의 구조가 영혼에게 영향을 준다는 의미이다.

어느 집이 있다. 이 집은 어쩐 일인지 천장의 구조가 아름답지 못하다. 밋밋하고 낮고 전등이 아무 곳에나 달려 있다. 미관으로 봐도 형편없는 구조이다. 그러나 이 집 식구들은 오래오래 그 집에 살았다. 그러다 보니 당연히 영혼이 영향을 받게 되고 운도 나빠졌다. 신비한 얘기로 듣지 말고 상식적으로 생각하면 이해가 될 것이다.

여기서 잠깐 다른 얘기를 해보자. 주역에 관한 것이다. 주역은 만물의 의미를 규명하는 학문으로 천장의 구조가 영혼에 미치는 영향을 과학적 논리로 설명할 수 있다. 먼 옛날 우리의 조상들은 집이 없어서 동굴 속이나 나무숲에서 살았다.

그러던 중 성인이 출현했다. 그는 주역의 괘상을 보고 집이라는 것을 구상했다. 주역 원전에 나오는 뇌천대장雷天大壯이라는 괘상이다. 뇌천대장 괘상은 ䷡ 이렇게 생겼다. 생소하겠지만 이해하기 어렵지 않다.

뇌천대장 괘상은 '—' 4개와 '– –' 2개로 이루어져 있다. —는 양으로서 나무 기둥이 똑바로 서 있는 것을 뜻한다. 반면 – –은 음으로서 나무 기둥이 누워 있는 것을 뜻한다. 우리의 집을 보자. 사방에 기둥이 서 있고 그 위를 가로질러 두 개의 긴 구조물이 누워 있다. 양 4개와 음 2개인 것이다.

또한 ☳(雷)이 위에 있는데 이것은 우레로서 장엄하다. 아래에 있는 ☰(乾)은 하늘의 기운으로 장엄함이 하늘의 기운을 끌어 모아 지키고 있는 형상이다. 성인이 괘상의 구조를 보고 그렇게 만들어봤더니 집이라는 것이 만들어진 것이다.

어려운 얘기지만 조금만 참고 들어보자. 이는 우리가 매일 접하는 환경 얘기이니 매우 중요하다. 우리의 영혼은 매일 방

안에서 생활한다. 당연히 건물이 영혼에 미치는 영향을 고찰해봐야 하지 않겠는가!

얘기를 이어가자. 천장 얘기이다. 천장은 집 안에서 가장 높은 곳으로 머리가 그쪽으로 향해 있다. 그래서 영혼은 제일 먼저 느낀다. 영혼은 높은 곳으로 향하는 성질이 있다는 것을 잊지 말자. 영혼은 천장을 보면서 생활한다. 이 천장이 아름답지 못하거나 뒤숭숭하게 생겼다면 당연히 그 집 안에 사는 영혼은 기분이 나쁠 것이다. 결국 영혼이 요동치게 되고 운이 나빠진다.

천장을 제대로 만들어야 한다. 특히 아이들의 방은 더욱 신경을 써줘야 한다. 어린 영혼은 어른의 영혼보다 민감하기 때문이다. 어른이 된 영혼은 참고 살아갈 수가 있다. 하지만 아이들의 영혼은 못내 안타까워한다.

천장을 어떻게 고칠지는 전문가의 도움이 필요 없다. 부모가 들어가서 보면 알 수 있는 법이다. 그저 미관을 보면 된다. 여기서 하나 알아둘 것은 천장은 묵직해야 한다. 장엄하면 더 좋다. 전등도 격조가 있으면 좋다. 예전에는 천장에 노출된 형광등이나 둥그런 전구만 있었다.

집 안 전체를 살펴려면 다소 전문지식이 필요하겠지만 천장은 상식만 가지고도 꾸밀 수 있다. 천장을 성의 없이 꾸며놓으면 운도 재미없는 법이다. 아이들이 오래 머무는 공간은 천장에 각별히 신경을 써야 한다.

❀ ❀ ❀

"오늘 당장 아이의 방 천장에 고칠 것이 없는지 살펴보자.
천장의 상태는 어떤가. 전등은 격조가 있는가.
요즘에는 재료를 쉽게 구할 수 있고,
멋진 전등도 많아 아이의 방을 쉽게 꾸밀 수 있다.
요점은 장엄으로 이끄는 금金이다.
영혼은 양이기 때문에 이런 구조 속에서 안정을 찾는다."

아이를 사자처럼 키우라

출생의 과정을 보자. 한 영혼이 어머니의 자궁에 들어선다. 이 때부터 아이는 열 달 동안 낙원 같은 생활을 시작한다. 온 우주에서 여기보다 행복한 곳은 없을 것이다. 아이는 부족함이 없이 세월을 보내는데, 10개월의 시간이 짧게만 느껴진다. 이 짧은 순간순간이 평화롭고 편안하며 일체의 잡념은 없다. 시간은 밖에서만 흐르고 있다.

어느덧 기한이 찼다. 아이는 밖으로 나온다. 스스로 나오는 것이 아니다. 거대한 섭리에 의해 강제 퇴거당한다. 물론 아이는 퇴거당하는 순간도 모르겠지만 잠시 후 이를 느끼게 된다. 아이는 '이게 웬일이야' 하고 놀라면서 아주 힘든 출생의 여정을 시작한다.

마침내 밖으로 나오지만 영혼은 큰 상처를 입는다. 이 상처는 트라우마를 만들어내고 평생토록 영향을 받는다. 아이는 두 가지 상처를 입었는데, 하나는 산도産道를 통과하는 고통이고 또 하나는 밖으로 나와 세상을 접하게 된 것이다. 어머니 몸속에서 사투死鬪를 벌이고 세상으로 나온 아이는 괴로운 현실과 마주하게 된다. 어머니의 배 속에서는 한없이 행복했는데 세상은 마냥 행복하지는 않기 때문이다. 아이는 울어 버린다. 이것이 바로 아이의 첫 울음이다.

아이가 느낀 이 마음의 상처는 밀실공포와 광장공포라고 부른다. 정도의 차이는 있을지언정 모든 사람이 갖고 있는 트라우마이다. 이 중에서 광장공포의 영향을 먼저 살펴보자.

아이는 세상이 무서워 넓은 곳에 나가기를 꺼린다. 심한 사람은 벌판을 볼 때 공포를 느끼고 흠칫한다. 그리고 살아가는 동안 사람이 모여 있는 곳을 싫어한다. 사람이 자기를 계속 바라보기 때문에 자신이 노출되었다고 느끼는 것이다. 광장공포란 노출 공포이다. 사람을 보면 부끄럽고 무섭다. 그래서 무대에 나서는 것이 몹시 힘들다.

한 가지 일화가 있다. 어떤 가수의 얘기이다. 대중 앞에서 노래를 불러야 하는 가수는 광장공포가 없거나 아니면 광장공포를 극복한 사람들이다. 넓은 세상에 잘 적응한 사람들이다. 그렇지 않고서는 무대에 서서 노래하는 일이 불가능하다. 많은 사람 앞에서 연설하고 있는 정치인도 마찬가지이다.

바브라 스트라이샌드Barbra Streisand는 가수이자 영화배우로 세계적 명성을 날렸다. 그랬던 그녀가 갑자기 무대공포증으로 27년간 라이브 무대에 서지 못했다. 이는 마음속에 잠자고 있던 광장공포의 발현이다. 갑자기 넓은 곳이 무섭고 사람이 두려워진 것이다. 애석한 일이다.

아이를 보자. 어떤 아이는 광장공포가 상당히 잠재되어 있다. 이 때문에 아이는 사람 앞에 나서질 못한다. 왠지 꺼린다. 이런 아이는 1등을 하면 다른 사람의 주목을 받기 때문에 부러 나쁜 성적을 받으려고 한다. 입시에서도 합격을 꺼린다. 합격이라는 것도 밖으로 드러나는 것이기 때문이다.

성취불안이라는 것도 비슷한 현상인데, 아이는 입시에 불합격했는데 되려 마음이 편해진다. 당초 영혼은 입시에서 떨어지도록 오랜 기간 준비해왔던 것이다. 공부를 대충대충 해가면서 실패를 준비해왔다는 뜻이다. 아이가 이를 선명하게 의식한 것은 아니다. 그러나 조금씩 그런 운명을 만들어간 것이다. 나서기를 싫어하고 박수받기를 싫어하고 남과 경쟁해서 이기기를 싫어하는 것 등이 만들어낸 악운이다.

아이의 영혼은 행동을 느낀다. 입시에서 떨어지면 부모가 더욱 동정하여 사랑을 확인하게 된다. '내가 입시에 떨어졌어도 부모님의 사랑은 변치 않는구나'라고 생각하면서 행복감까지 느낀다. 입시에서 떨어진 것이 세상을 살아가는 데 불이익으로 작용한다는 것은 차후에 깨닫는다.

광장공포는 이런 식으로 작용한다. 결혼의 실패도 광장공포 때문에 생기는 것이다. 광장공포는 주역에서 말하는 바람 즉, 풍 괘상인 ☴을 싫어한다는 뜻인데, 바람이란 바깥을 뜻한다. 영혼은 그저 혼자 사는 길을 택한다. 세상에 나가서 성공해야 한다는 의무가 싫은 것이다. 성공이란 바람을 이겨냈다는 뜻이다.

영혼의 작용은 실로 묘하다. 부모는 이러한 실태를 알아야한다. 아이가 밖으로 나서기를 싫어하고 부끄러움을 심하게 타면 그 아이는 입시에 떨어지는 운명을 맞이하게 될 것이다. 입시뿐 아니라 다른 일도 실패가 당연시되는 운명을 맞이하게 된다. 이를 시급히 고쳐줘야 한다.

아이를 여러 사람 앞에 세워야 하며 사람이 자기를 바라본다는 것을 견디게 훈련시켜야 한다. 집에 손님이 방문했을 때도 아이가 자기 방으로 들어가 숨지 못하도록 일부러 불러내야 한다. 아이가 여러 사람 앞에서 떳떳하게 얘기할 수 있는 능력을 키워줘야 한다.

아이의 공부를 강제로 시킬 것이 아니라 먼저 아이 스스로 밖으로 나서기를 좋아하고 각광받기를 좋아하게 만들어야 한다. 그러면 아이는 더욱 유명(?)해지기 위해 기필코 공부를 한다. 공부하는 비결은 영혼이 마음만 먹으면 당장에 스스로 터득할 수 있는 법이다. 아이를 사람 앞에 자주 나서게 하는 것은 공부 잘하게 하는 비결이다.

이제 밀실공포를 살펴보자. 이는 태어나는 과정에서 생긴 것인데, 아이는 어머니의 산도産道를 통과하는 순간 목이 졸리는 것 같은 공포를 느낀다. 또는 한없이 동굴에 갇혀 있을 것이라는 공포를 느끼게 된다. 이로써 아이는 출생 후에 어느 곳이든 가만히 앉아 있는 것을 싫어한다. 무작정 뛰쳐나가고 싶어 한다.

입시에 합격하기 위해 긴 시간 동안 공부에 매달리는 것도 아이에게는 구속이다. 합격이든 아니든 아랑곳하지 않는다. 당장 뛰쳐나가 자유롭고 싶을 뿐이다. 그래서 아이는 진득하게 앉아 공부를 못한다. 꾸준해야 공부를 잘하게 되는 법인데, 밀실 공포증이 있는 아이는 지구력이 부족하다. 금방 싫증을 내거나 오로지 밖으로 나가기만을 좋아한다.

태어날 때의 상처는 과학자들이 LSD라는 약을 사용하여 10만 명을 조사하여 밝혀낸 것이다. 이를 잘 알아야 한다. 태어나는 게 쉬운 일이 분명 아니다. 부모는 아이가 광장공포나 밀실공포가 있는지를 살펴야 한다. 광장공포증이 있는 아이는 유난히 밖에 나가기 싫어하고 혼자 집에 두면 무서워한다. 잠자다가도 잘 깨어난다.

부모는 아이를 종종 혼자 놔두어야 한다. 밖에 나가 혼자 있게 하라는 뜻이 아니다. 방 안에서 아무도 없는 시간을 종종 만들어주어야 한다. 특히 고요한 환경에 익숙하게 해줘야 한다. 잠잘 때도 가능한 한 부모와 떨어져 자도록 해야 좋다. 아주 어린 시절부터 말이다.

어떤 부모는 아이가 혼자 있는 것을 몹시 두려워하기 때문에 항상 곁에 있어 주었다. 고등학교 3학년이 되도록 말이다. 아이는 태권도 유단자이기도 한데 혼자 있는 것을 두려워하고 특히 밤을 무서워한다. 부모는 아이 하자는 대로 하지 말고 스스로 무서움을 극복하도록 훈련시켜야 한다. 어렵지 않은 일이다. 집에 혼자 있도록 자주 해주면 된다.

아이를 기르는 것은 몹시 힘들다. 광장공포나 밀실공포 같은 것조차 부모가 발견하여 고쳐줘야 한다. 겉으로 보기에는 멀쩡해 보여도 아이들에게는 이런 비밀(?)이 있다. 아이에게서 광장공포나 밀실공포가 발견된다면 즉시 조치를 취해줘야 한다. 성공하는 아이들에게는 이런 것이 없다. 운이 좋은 아이들에게는 트라우마가 없다.

✧ ✧ ✧

"아이에게 구체적으로 말해주라.
'얘야, 너는 사람들이 많은 곳에 가면 두렵니?'
'얘야, 너는 혼자 있는 게 그렇게 무섭니?' 하며
때때로 아이의 자존심을 건드리는 것도 좋다.
아이는 '그런 거 없어'라면서
자존심 때문에라도 혼자 있으려 할 것이다.
갑자기 아이를 집에 혼자 두거나 사람 앞에 나서게 하는 것을
부모가 아이를 사랑하지 않아서라고 생각하면 안 된다.
아이는 사자처럼 키워야 한다."

고독을 내 편으로 만들기

운명 발생은 그 자체로 일단락되는 경우도 있지만 대개는 그 운명이 이어지는 법이다. 좋은 운명의 경우 그 때문에 영혼이 활성화되고 기운이 붙어서 앞일도 더 잘 풀리게 된다. 반면 나쁜 운명은 영혼에 손상을 줄 뿐 아니라 그 운명에 대처할 때 또 다른 실수를 범하게 된다.

사람은 나쁜 운명이 찾아오면 당황하고 또는 화가 나서 적절히 대처하지 못하게 된다. 첫 단추를 잘못 끼우면 운명은 그로 인해 연쇄 반응을 일으킨다. 그래서 항상 침착해야 한다. 다행히 아이들에게는 특별히 나쁜 운이라는 것이 없다. 그 운명을 부모가 다 맞아주기 때문이다.

아이의 운은 아주 사소하여 대처하기도 쉽다. 그러나 아이도 나름의 자기 세계가 있고 부모도 모르는 애로사항이 있을 것이다. 나쁜 일 때문에 아이의 성격이 나빠지는 것에 항상 유의해야 한다. 연속적으로 나타나는 불운은 아이에게 짜증을 일으키고 결국 성격도 나빠지게 만든다. 아이에게 한번 나쁜 일이 발생하면 그것을 재빨리 잊도록 하는 것이 상책이다. 적절히 보상하면 된다.

물론 아이도 고생을 해볼 필요는 있다. 미래에 힘이 되기 때문이다. 사자는 아기 사자를 일부러 절벽 아래로 떨어뜨린다고 한다. 절벽 아래에서 기어오르면서 극복 훈련이 되기 때문이라고 한다. 짐승인 사자도 제법 교육자답다.

아이의 시련은 심해도 병이 되고 너무 없어도 병이 되는 것이니 부모가 적절히 조절해야 한다.

앞에서 설명한 출생의 과정을 다시 한번 살펴보자. 운명은 과거로부터 이어져 오는 것이므로 출생의 순간부터 세심히 살펴볼 필요가 있다.

아이는 배 속에 들어서서 10개월간 더할 나위 없는 행복을 누린다. 임신 기간 동안 엄마에게 나쁜 일이 많이 생기면 배 속 아이에게도 영향을 미치게 된다. 이 문제는 학자들의 많은 연구가 이루어진 상태이다. 여기서 좀 더 심원한 내용을 고찰해보겠다.

아이는 10개월 만에 쫓겨나게 되는데, 이것이 아이에게 어떤 영향을 주게 될까? 아이는 무한히 허전하고 불안하고 죄의식도 갖게 된다. '나는 필경 죄가 있을 거야, 그러니 쫓겨나는 거겠지.' 이런 생각은 영혼이 자의적으로 잠깐 생각해볼 뿐이다. 대개는 불안을 그대로 안고 태어난다. 어떤 종교에서는 이를 원죄라고도 하는데, 특별히 아이에게 죄를 뒤집어씌울 필요는 없을 것이다. 그저 아이가 심한 불안 상태에서 태어난다는 것만 기억해두면 된다.

이제 아이가 태어났다고 하자. 아이의 마음속에는 불안의 씨앗이 있다. 이것은 평생토록 지워지는 법이 없다. 철학자들은 생의 기본적인 것이 불안이라고 말하고 도인들은 이 불안을 제거하기 위해 수많은 수련을 하기도 한다. 과연 인생의 맛은 불안 그 자체이다. 그리고 아이가 커서 사춘기가 되면 허무를 느끼는데, 이 또한 배 속에서 쫓겨난 허전함 때문이다.

이래저래 인간은 태어날 때 많은 것을 가지고 나온 셈이다. 이것들은 삶에 많은 영향을 주고 운이 만들어지는 요소가 되어왔다. 사람은 고독을 느끼는 순간 자신의 본질을 생각하게 된다. "나는 무엇이고 부모는 어떤 존재인가!"

미국의 우주비행사들은 우주 공간에 올라가 무한한 허공을 바라보며 고독을 느꼈다고 한다. '인간은 혼자이구나.' 돌아와서는 인생이 달라졌다. 경건한 사람이 되었던 것이다. 인간은 겉으로 희희낙락하지만 속으로 끝없이 고독을 느끼는 존재이다.

고독은 인간을 성장시키는 법이다. 어린아이라고 예외가 될 수 없다. 부모들은 아이가 고독을 느낄까 봐 감싸주고 또 감싸준다. 그러나 이래서는 안 된다. 고독 때문에 아이가 잘못되는 경우는 없다. 오히려 철이 들고 부모의 말을 잘 듣고 다른 사람과 협력하는 마음을 배운다.

나는 다섯 살 무렵 집에 혼자 있으면서 고독을 경험했다. 이 경험은 놀라울 것이 없었지만 삶의 실체를 확인할 수 있었다. 어린아이를 너무 염려할 필요는 없다. 아이의 정신은 태어날 때 이미 자신을 보호할 수 있는 수백 수천 가지 체제를 갖추고 나왔다. 그게 인간이다.

고독을 경험하지 못한 아이들은 혼자서는 아무 일도 못한다. 입시에서 번번이 떨어지는 아이들도 평소 고독을 느끼지 못했던 것이다.

영혼은 고독하면 스스로를 강화시킨다. 아이들은 고독을 없애기 위해 실력을 갖추게 된다. 실력이란 자기 자신을 좋은 친구로 만들어주는 법이다.

부모들은 아이에게 일부러라도 가끔 고독을 느끼게 해야 한다. 아이에게 혼자 집을 보게 하고 외출하는 것이다. 아이가 처음엔 불안해할 것이다. 그러나 차츰 시간을 늘려가면 된다. 고독이란 것은 불안과 같은 개념인데, 도인들은 불안을 통해 인생에서 무엇을 해야 하는지를 깨닫게 된다. 아이들이 무슨 심오한 철학을 갖추게 되지는 않겠지만 크게 철들어갈 것이다.

나는 어려서 나의 삶이 엄마에게 즐거움을 주기 위해서인 줄 알았다. 그러나 엄마가 나의 근본적인 고독을 없애줄 수 없다는 것을 알고 혼자 사는 법을 점점 익혀 나가게 되었다. 독립적이라고 해도 좋고 자주적이라고 해도 좋다. 확실히 철이 들어갔다.

고독은 어느 경우라도 약이 된다. 이를 경험해보지 못하고 자란 아이는 커서 타인에게 의지하게 된다. 항상 자기 자신을 누군가가 위로해주기를 바란다. 그 대상이 부모라 할지라도 아이는 남에 의해서만 존재하는 허약한 사람으로 남아 있게 되는 법이다.

반면 고독을 느끼고 이를 어느 정도 극복한 아이는 자기 할

일은 알아서 하고 시험에도 합격하고 효도라는 것도 배우게
된다.

'부모님도 외로우실 거야! 내가 돌봐드려야지' 하는 생각을
하게 된다.

❈ ❈ ❈

"고독을 느끼지 못한 아이는 만물의 영장으로서
자격이 결여된 셈이다.
이런 아이가 어떻게 자라서
사람들을 이끌 것이며, 사업에 성공할 것이며,
위대한 업적을 이룰 수 있겠는가.
오히려 과일나무 아래에서 과일이 떨어지기만을
기다리는 아이로 자라고 말 것이다."

아이에게 협력하는 마음 길러주기

수억 년 전 인류가 출현하기 전에 지구 자연에는 공룡이 살고 있었다. 이들은 수천만 년 동안이나 지구의 지배자로 군림하였지만 그 누구도 당할 자가 없었다.

하지만 그들은 자연계의 섭리에 따라 마침내는 멸망의 길을 걷게 되었다. 생태계의 변화 때문인데, 거대한 혜성이 지구를 강타한 것이다.

이로써 공룡은 지구상에서 사라지고 호랑이와 사자의 세상이 되었다. 이들은 날쌔고 강했다. 생물에게 날쌘 것이 추가된 것이다. 이들은 온 세상을 영원히 지배할 듯 보였다. 그러나 인간이 출현함으로써 또 다른 변화를 맞이하게 된다.

세상엔 강자들이 얼마든지 있는 법이다. 인간은 무엇보다도 지능을 소유하고 있었다. 게다가 직립보행하기 때문에 손으로 물체를 조작할 수도 있다. 이른바 연장을 갖고 이용하게 되었다. 인간은 자연계에서 유일하게 연장을 사용하는 동물로 차츰 동물계를 지배해 나가게 된다.

그러나 이것이 다가 아니었다. 인류의 발달이 여기서 그쳤다면 과연 호랑이를 물리칠 수 있었을까? 인간은 더욱 진화하여 언어라는 것을 갖게 되었다. 인간끼리 통신이 이루어진 것이다. 인간끼리의 통신은 의사전달을 넘어 협력하는 힘을 얻게 되었다. 협력은 만물의 영장이 갖는 또 하나의 특징이다.

인간끼리 협력하여 호랑이를 물리칠 수 있게 된 것이다. 사람이 수십 명 모여 몽둥이를 들었다. 그리고 서로 신호하면 호랑이에게 달려들었다. 아직 활이라는 것은 없지만 몽둥이와 협력만으로 호랑이를 물리칠 수 있게 된 것이다.

협력은 아직도 진화하는 중이다. 사회가 생기고 경제가 발전하기 시작했다. 이로써 인간은 풍족해지고 지구상에는 그 누구도 대적할 자가 없게 되었다. 협력이란 것은 영장류의 최종 기능으로서 이는 우주를 지배할 수도 있는 힘이다.

오늘날 우리 사회는 협력의 체계로 이루어져 있다. 그리고 사람은 이 체계에 편입됨으로써 번영할 수 있다. 협력은 영혼이 갖는 절대적 기능이다. 이 때문에 좋은 운도 발생한다. 사람은 사람을 도와줌으로써 우주에 공이 축적되고 스스로는 발전하며 다른 영혼은 또 다른 영혼을 발전시킨다. 인화人和라고 하는 것으로서 공자는 이를 아주 중시하였다. 인화, 즉 협력은 사람이 가져야 할 덕목 중 최종적인 것이다. 운을 일으키는데도 이것은 절대적이다.

여기서 묻겠다. 우리 아이는 협력을 잘하는 편인가?

이는 매우 중요한데 협력심이 없는 아이는 다른 사람의 협력을 얻어낼 수 없으며 운의 발전도 기대할 수 없다. 남을 돕지 않는 자가 어떻게 복을 받을 수 있겠는가! 아이에게는 지능이나 착한 마음 등도 필요하겠지만 최종적으로는 협력심을 길러줘야 한다.

아이들의 생활을 관찰해보면 협력심이 있는지 없는지를 알수 있다. 만약 그것이 없다면 이미 정신적인 결핍이 있는 아이로 출세할 수 없다.

그리고 무인도에 가서 혼자 살아간다고 해도 하늘이 그를 도와주지 않을 터이다. 협력은 사회뿐만 아니라 우주 모든 곳, 모든 일에서 필요하다. 신은 인류가 서로 협력하며 잘 살기를 희망했다.

아이가 협력을 잘하는지 세심히 살펴야 한다. 협력을 잘 못한다면 길러줘야 한다. 작은 일부터 시켜보자. "애야, 엄마가 힘들어서 그러는데 청소기 좀 돌려줄래?" 아이가 이 정도를 어렵다고 하면 더 쉬운 것을 시켜보면 된다. "애야, 약국에 가서 두통약 하나만 사다줄래?" 이렇게 시작해보는 것이다.

차츰 어려운 것을 시키면 된다. "슈퍼에 가서 치약 좀 사올래?" "이것 좀 붙잡아줘!" 일부러 일을 만들어 아이에게 도와달라고 하는 것이다. 이른바 집안일 거들기이다. 아이가 못한다고만 하지 말고 어떻게든 참여하게 만들어야 한다.

찾아보면 얼마든지 있다. 귀한 자식이라고 부모가 다 해주면 아이는 밖에 나가서도 누가 해주기만을 바라고 가만히 있게 된다. 밖에 나가면 친구들 간에도 서로 협력하지 못하고 어느새 따돌림을 받게 된다.

남을 돕지 않고 자란 아이는 누군가를 돕는 일에 선뜻 나서지 못하고 양보라는 것도 모르게 된다. 오로지 자신만 생각할 뿐이다.

나들이할 때는 반드시 아이에게 짐을 나누어 들게 한다. 캠핑이라도 가면 아이가 도울 일이 더 많아질 것이다. 함께 음악 공연을 가게 될 때 아이에게 좌석 예약을 맡겨 보는 것도 좋은 일이다. 심부름, 거들기 등은 보이지 않는 교육이다. 이것만 잘

되어도 어느새 아이는 효도를 할 수 있다.

사랑하는 부모의 노고를 덜어주는 아이로 키워야 한다.

✥ ✥ ✥

"아이가 받기만 하면 뻔뻔하고
재수 없는 사람으로 자라게 된다.
심부름거리를 만들어보라.
냉수 한 잔 심부름부터 큰 짐 옮기기까지.
그리고 방 안에서 할 수 있는 작은 일부터
밖에 나가야 하는 심부름까지.
이런 심부름을 못하는 아이라면
하늘의 도움을 받을 생각은 하지 말아야 한다."

시험에도 운이 필요하다

시험 운이라는 것이 있다. 입시 운도 마찬가지인데 어떤 사람은 실력이 별로인 것 같은데 시험을 잘 치른다. 사회에 나가서 취직도 잘 되고 사업도 술술 풀린다. 시험 운이라는 것은 분명히 있다. 시험 운이 없는 사람은 실력이 출중해도 시험만 봤다 하면 실패를 경험한다.

나는 어려서 시험 운이 좋은 편이었다. 실력이 별로 없는데도 주요 시험을 통과하곤 했다. 성인이 되어서도 어떤 일에 응모하면 뽑히곤 했다. 생각지도 않던 행운도 가끔 찾아왔는데, 나는 후에 주역을 연구하면서 그 이유를 알게 되었다. 그런 운은 어린 시절부터 만들어진다는 것을 알게 되었다. 시험 운이라는 것에 대해 심도 있게 고찰해보자.

합격이란 원하는 세계로 진입하는 것을 의미한다. 학교라든가 회사에 들어가는 것, 사업을 할 때 계약을 성사시키는 것 등이 바로 합격이다. 나아가 유명해진다거나 국회의원 등에 당선되는 것도 크게 보면 모두 합격 운에 해당된다. 시험에 통과한다는 것은 한마디로 적중하거나 어딘가에 들어선다는 뜻이다.

빗나갔다는 것은 반대의 개념으로 시험 운이 없는 사람에게 자주 일어난다. 어떤 사람은 이런 일을 평생 지속한다. 그래서 매우 괴로워한다. 본인이 알고 있다. '다 됐는데 마지막에 가서 떨어졌단 말이야. 운이 이렇게도 없는지' 하고 푸념한다. 그는 애당초 운을 만들어내는 것에 실패한 것일 뿐이다. 본인의 잘못임은 두말할 나위가 없다.

주변을 돌아보자. 사회는 각종 모임이 있고 행사도 있다. 그런데 어떤 사람들은 잘 참석을 안 한다. 내가 아는 사람들 중에는 거의 모든 행사에 참석하지 않는 사람이 있다. 이들은 어떤 핑계를 대서라도 참석을 하지 않는다. 귀찮아서이든, 행사를 좋아하지 않아서이든 결과적으로는 항상 불참이다. 이런 사람은 경조사 때에도 돈만 보내고 얼굴을 비추지 않는다.

당사자로서는 시간을 절약하겠다는 것이겠지만 주변에서

이를 당하는 사람은 기분이 좋지 않다. 그런 일이 오래 지속되면 아예 이렇게 생각하게 된다. '그 사람은 안 나올 게 뻔해!' 그러고는 차츰 공동생활에서 잊혀져 간다. 또한 불참이 습관이 된 사람에게는 분노마저 갖게 된다. '저 사람은 뭐지. 한번을 안 나오고 말이야.' 이런 식이 된다. 이로써 사람들의 영혼은 그 사람을 미워하고 배제하게 된다.

'그 친구는 꼴도 보기 싫어.' '그 친구는 모임에서 빼버리자.' '그 친구가 오면 난 모임에서 빠질 거야.' 이런 말이 나오게 된다. 불참을 잘하는 사람은 나중에는 참석 자체를 할 수 없는 운을 갖게 된다. 대학에 시험을 봐도 그곳에 참석할 수가 없고 (불합격) 취직시험을 봐도 입사가 안 되는 것이다(탈락). 이런 운을 누가 만들어냈는가? 바로 본인이다.

오랜 세월 세상을 무시하고 인간사회에 참여하지 않았기 때문이다. 불참이 습관이 되어 버렸다. 이로써 어딘가에 들어서지 못하는 운이 생기는 법이다.

얘기를 더 해보자. 65년 전쯤 내가 아직 초등학교도 들어가지 않은 어린아이였을 때의 일이다. 주변 초등학교에서 방학 동안 주민들을 위해 새벽마다 운동장에서 체조를 가르쳐주었다. 주민들은 일찍 일어나 운동장에서 체조를 배우고 신선한 아침 공기를 마셨다. 주민이면 누구나 참석이 가능했다. 나도 어른들을 따라 체조를 배우러 갔다. 새벽 5시부터 시작해 1시간 정도 체조 수업이 진행되었다.

지금도 그때의 일을 생생히 기억한다. 체조 수업을 가려면 4시 30분에는 잠자리에서 일어나야 하는데, 어느 날은 몹시 귀찮고 달콤한 잠자리를 물리치기가 어려웠다. '에이, 오늘은 그냥 자고, 내일 가지 뭐' 하는 생각이 들었지만, 유혹을 이겨내고 운동장으로 나갔다.

하루도 빠진 적이 없었다. 그 후 수십 년 세월이 흐르며 어딘가에 참석하기가 귀찮고 싫으면 어린 날의 그 경험을 떠올리곤 했다. 그러고는 애써 몸을 일으켜 참석했다. 귀찮은 것은 당연했다. 참석했다고 돈이 생기는 것도 아니고 참석하지 않았다고 제재가 가해지는 것도 아니었다. 하지만 나는 어느 곳에 들어서는 것(참여)이 습관이 되었다. 나의 영혼은 어느 곳이든 들어가지 못하면 좀이 쑤셨다. 이 습관이 영혼에 심어지고 급기야는 운으로 연결되기 시작했던 것이다.

응모하면 당첨되고 시험을 보면 거의 무조건 합격했다. 그리고 어느새 사회에서 두각을 나타내었다. 나는 사람으로부터나 하늘로부터 잊히지 않았다. 그토록 열심히 참여한 나를 잊을 리 있겠는가! 내 주변의 불참석 습관자를 보면서 그들이 인생에서 낙오되고 있음을 확실히 깨닫는 중이다. 나는 그런 사람을 수십 명이나 봐왔는데 그들은 모두 몰락했다.

아이들을 많은 곳에 참여시켜야 한다. 이로써 영혼이 훈련되는 것이고 실력이 없어도 참여(합격)되는 운명이 생기는 것이다. 올림픽에는 이런 말이 있다. "이기는 것이 중요한 것이 아니라 참여 그 자체가 중요하다." 인간의 일에 참여하는 것은 당장 그곳에서 이익이 생기는 것은 아니다. 그러나 사람들이 항상 기억하므로 다른 영혼과 기운을 소통시킬 수 있다.

잊혀지는 사람이 되어서는 안 된다. 인간 세상에 참여라는 것은 하늘의 역사에 참여하는 것과 같다. 어딘가에 참여하는 습관은 합격의 습관과 연결된다. 운동회, 소풍, 학예회 경시대회, 퀴즈응모 등 무엇이든 좋다. 부모를 졸졸 쫓아다녀도 좋다. 세상에 많이 참여할수록 하늘은 그 영혼에게 많은 참여의 기회를 준다.

❈ ❈ ❈

"집구석에 틀어박혀 책만 잘 읽는다고 합격할 수 있는 게 결코 아니다. 내가 세상에 대해 시간을 아끼면 우주도 나에게 무언가 주기를 꺼려 한다. 이것이 섭리이다. 운명으로부터 낙오된다는 것은 세상에서 제일 무서운 일이다."

악운의 뿌리 뽑기

아이의 악운이 발생하는 과정을 좀 더 깊게 들여다보자. 우선 원인으로 들 수 있는 것은 영혼이 하늘에 진 죄악이다. 이는 어린아이에게도 적용될 수 있다. 전생이란 것이 있기 때문이다. 이 죄악은 아이가 커서 서서히 받을 운명이다. 마치 빚을 지고 분납分納하듯이 하늘에 지은 죄를 서서히 조금씩 갚아나간다.

이는 하늘의 자비심 때문이다. 하늘은 양이라서 미움보다 사랑이 많은 법이다. 또다시 죄를 짓지 않는 한 하늘은 잠시 지켜본다. 소위 개선의 정황이 있으면 하늘은 이를 토대로 과거의 죄를 탕감해준다. 이렇기에 아이들은 현재 당장 착해질 필요가 있다.

운명 발생의 두 번째 요인은 부모의 운이다. 아이는 아직 어린 영혼이기 때문에 부모의 운을 빌려 쓰는 중이다. 아이 자신의 운은 좀 더 커봐야 아는 것이고 당장은 부모의 운이 중요하다. 만약 부모가 사업에 실패하면 그 궁색한 환경이 그대로 아이에게 작용하기 때문이다. 아이가 갑자기 불쌍해지는 것은 아이 자신의 운이라기보다 부모가 준 운명이란 뜻이다.

아이의 운명 발생의 다음 과정을 보자. 이는 교육과 직결된 문제인데 부모의 교육이 부실하면 아이가 제대로 자라지 못해 훗날 악운이 발생한다. 아이의 영혼은 교육받은 대로 행동하기 마련이다.

물론 사람이 한 가지 잘못이 있다고 해도 그것이 바로 나쁜 운명으로 이어지는 것은 아니다. 운명은 하늘이 쪽집게식으로 내려주는 것은 아니기 때문이다. 인간사회의 법률은 죄에 따라 벌이 정밀하게 내려진다. 하지만 운명의 벌은 상징대응의 형태로 일어난다. 가령 도둑질을 많이 한 사람이라면 훗날 사업을 할 때 손해가 많이 발생하게 되는데 이것이 바로 상징대응이다. 이로써 아이가 장차 어른이 되면서 받을 운명을 짐작할 수 있다.

아이가 어떤 부류의 죄를 겼는가에 따라 비슷한 종류의 운이 발생한다는 의미이다. 아이의 행동을 죄라고 말한다는 것은 지나친 표현일지 모르나 운명은 그런 것을 안 따진다. 한 영혼의 행위가 있으면 그에 따른 상징대응형태로 운명이 만들어진다. 여기서 인간의 나쁜 운명 몇 가지를 살펴보고 그 원인에 대해 고찰해보자.

어떤 사람이 살면서 빚이 많아졌다고 하자. 또 어떤 사람은 감옥에 갔다고 하자. 내용은 다른 것이지만 상징적으로는 같다. 감옥에 간 것은 빚을 갚는 것과 같은 뜻이기 때문이다. 또 어떤 사람이 나쁜 사람과 많이 어울려 점점 나빠지고 있다고 해도 이는 하늘에 죄를 짓는 것으로 비슷한 유형의 운명이 초래될 수 있다.

이제 정확한 이유를 따져보자. 빚이란 무엇인가? 주역에서는 '수산건水山蹇'의 형태이다. 수산건의 괘상에 해당하는 행동을 많이 하게 되면 감옥에 갇히게 된다. 당연히 나쁜 운명이다. 어떤 사람이 병이 나서 오랫동안 병원 생활을 하게 되면 이는 갇혀 있는 것이므로 감옥에 갇혀 있는 것이나 마찬가지이다.

빚이 많아서 움직일 수 없는 것, 감옥에 갔기 때문에 움직일 수 없는 것, 입원해서 움직일 수 없는 것은 주역에서는 다 같은 뜻이다. 이렇게 되지 않도록 어려서부터 각별하게 유의하고 조심해야 한다. 아이의 어떤 점이 수선건괘에 해당될까? 바로 우울증이다. 우울증은 어린아이에게는 드물게 나타나는 증상이지만, 종종 우울증을 보이는 아이가 있다.

이때 부모는 우울증을 고쳐주어야 한다. 일시적으로 아이가 우울증에 빠지는 것을 말하는 게 아니다. 상습적으로 우울한 아이를 얘기하는 것이다. 왠지 우울한 아이가 있다. 부모가 풍족하고 충만한 사랑을 베푸는데도 아이가 우울하다. 의학적으로 우울은 어떤 불쾌한 기분에 사로잡혀 헤어나지 못하는 것인데 주역에서는 할 일을 찾지 못한 영혼에게 일어나는 증상이다.

나쁜 기분에 사로잡혀서든 할 일을 찾지 못해서든 제자리에서 꼼짝도 못하고 주저앉는 것은 뜻이 같다. 수산건괘는 원래 다리를 전다는 뜻이 있는데 앞으로 나아가는 행보가 느려졌다는 의미이다. 물론 이는 영혼 자체의 행위를 뜻한다. 몸이 불편하든 거동이 불편하든, 그 영혼의 괘상은 수산건이다.

여기서는 멀쩡한 사람이 공연히 우울증에 빠져 있는 것만을 다루자. 공자는 이렇게 말했다. "군자는 우울하지 않다君子不憂." 우울한 자는 군자가 아니다. 우울하다는 것 자체가 운명의 벌이다. 우울한 자는 남을 사랑하지도 못하고 남을 돌볼 겨를이 없다. 어찌 되었든 이런 사람은 훗날 빚을 지거나 감옥에 가거나 오랜 병원 생활을 하며 고독해진다.

　고독이란 것은 사방이 꽉 막히고 혼자 남게 되는 것을 의미한다. 이것 또한 수산건의 괘상에 해당한다. 아이의 우울증에는 이런 징조가 숨어 있다. 자율성이 있는 아이라면 우울증에 빠지지 않는다. 아이가 바빠도 우울증은 나타나지 않는다. 이 모든 것을 부모가 챙겨줘야 한다. 일일이 간섭하라는 말은 아니다. 현재 아이가 우울해한다면 낫게 해줘야 한다.

❀❀❀

**"급할 것은 없겠지만 아이가 지나치게 우울하다면
부모는 아이와 놀아주는 시간을 늘리고,
아이를 기분 좋게 해줘야 한다.
아이의 우울증은 부모가 원인인 경우가 많다.
아이에게 공부 잘하라고 능력 학대만 할 게 아니라
명랑한 아이로 키워야 한다."**

아무것도 하지 않기의 힘

아이들은 이것저것 갖추어야 할 것이 참으로 많다. 아이가 스스로 갖추어 나아가는 것이 아니라 대부분 부모가 도와줘야 하는 것들이다. 그런데 아이들에게 가장 어려운 것은 무엇일까? 아이들의 영혼이 힘들어하는 것 말이다. 아니 우주의 모든 영혼이 가장 힘들어하는 것이 있다. 당연히 아이들도 힘들어할 것이다.

그러나 힘든 것을 갖추지 못하면 무수히 많은 난관들을 대처해 나가는 데에 지장이 아주 많다. 그것은 무엇일까? 이는 운을 좋게 하기 위해 영혼이 갖추어야 할 것을 묻는 것이다. 흔히 사람들은 영혼은 모름지기 착해야 한다고 대답한다. 그러나 착한 것보다 더 중요한 것이 있다. 그것은 바로 영혼의 힘이다.

이는 양의 힘을 말하는 것으로 하늘의 힘이 바로 이것이다. 하늘은 이 힘으로 우주를 창조하였고 그 후에도 자연의 모든 작용을 통제하고 있다. 인간으로서는 당연히 이 힘을 길러야 한다. 이 힘은 바로 호연지기浩然之氣라는 것으로 인간의 모든 인격 중에 최상위이다.

이 힘을 쉽게 말할 수는 없지만 그저 강한 것이라고 말해두자. 강한 것은 착한 것보다 높은 개념이다. 주역에서는 강한 기운을 하늘의 기운이라고 말하고 착한 것은 땅의 기운이라고 말하는데 여기서는 하늘의 기운을 기르는 방법에 대해 논하고자 한다.

영혼은 끊임없이 활동한다. 그 모양이 선악이고 선악의 강도가 바로 힘이다. 이 힘이 약하면 선하다 해도 별것이 아니며, 못되고 악하다 해도 별것이 아니다. 아이의 선악이란 바로 이런 것이다. 아이는 약하다. 그러나 이것만으로 살 수는 없는 법이다. 아이가 성장함에 따라 영혼도 강해져야 한다. 그래야 우주에서 작용을 일으키고 당당하게 살 수 있다.

위대한 사람, 영웅들은 이 힘이 강했다. 아이들이 가장 힘들어하는 것은 무엇일까? 그것은 다름 아닌 아무것도 하지 않는 것이다. 영혼이란 본래 양의 성질을 가지고 있어 무엇인가를 끊임없이 해야 한다. 이 힘에 대해 논하기 전에 잠시 어떤 얘기를 꺼내보자. 이는 실화이다.

세계 지성을 이끄는 과학자인 아인슈타인이 첫 교수로 초빙되었고 노벨상과 필즈상 수상자를 다수 배출한 미국 프린스턴고등연구소가 설립되던 때의 일이다. 프린스턴고등연구소는 뉴저지주의 사업가인 루이스 뱀버거Louis Bamberger와 그의 여동생 펠릭스 폴드 뱀버거Felix Fuld Bamberger의 기금으로 설립되었다. 교육행정가인 에이브러햄 플렉스너A. Flexner가 설립에 결정적인 역할을 하였는데, 이 연구소의 근무 조건은 다른 대학보다 훨씬 높은 연봉을 받으며 그저 소속되기만 하면 되었다. 강의나 연구논문 제출 같은 것은 할 필요가 없었다. 그저 놀면서 월급만 받을 뿐이다. 기금을 댄 뱀버거가 걱정이 되어 플렉스너에게 물었다. "그들이 아무 일도 안 하고 놀기만 한다면 연구소가 운영이 되겠습니까?" 당연한 질문이다. 일을 안 하는 직원의 쓸모가 어디에 있단 말인가!

이에 대해 플렉스너가 자신 있게 대답했다.

"바보를 일 시키는 것보다 천재들을 놀게 하는 것이 낫습니다. 그들은 결국 스스로 일을 합니다."

천재들은 그런 존재이다. 스스로 가진 영혼의 힘을 나오게 하여 끊임없이 무언가를 창조한다.

프린스턴고등연구소에는 세계적인 천재들이 모여들었다. 그들 중 그 누구도 놀지 않았다. 스스로 무한한 힘을 발휘하여 세계를 이끌고 있다. 영혼의 힘은 누구의 재촉으로 움직이는 것이 아니다. 하늘의 힘이 그렇듯 천재는 저 스스로 존재할 뿐이다.

이런 힘은 어떤 영혼이 무한한 세월을 공들여 발전시킨 것이다. 아이들에게 이런 힘을 키워주라는 것이다. 그러려면 아이에게 앉아 있기를 훈련시켜야 한다. 〈서유기〉에 나오는 손오공은 하늘을 날고 무한한 힘을 휘두르는 존재이다. 그러나 그는 1분을 앉아 있지 못한다. 앉아 있는 것은 몹시 힘들다. 그러나 온 우주를 통틀어 이보다 좋은 수련방법은 없다.

도인들은 평생 그냥 '앉아 있기'로 수련한다. 명상이라고도 하는데 처음엔 그저 앉아 있기만 한다. 아이들에게 하루 5분 정도 눈 감고 앉아 있도록 해보라. 자세는 허리를 곧게 펴고 양반다리로 앉아 마음을 고요하게 하면 된다. 15분 정도 하는 것이 제격인데 아이가 이런 자세로 15분 동안이나 앉아 있는 것은 매우 힘들다.

5분에서 시작하여 차차 늘려 나가면 된다. 하루 15분 정도

앉아 있으면 어느새 영혼에 힘이 생긴다. 급성장한다. 한 달만 시켜보라. 아이가 철이 드는 것을 발견하게 될 것이다. 부모에게 순종하고 자기 할 일은 스스로 잘한다는 뜻이다.

명상을 하면 미래의 운을 이끌어내는 힘이 점점 강화되고, 좋은 운을 가진 훌륭한 아이로 자라게 된다. 그저 눈을 감고 곧게 앉아 있는 것뿐인데 무한한 힘을 발휘하게 된다. 아이는 처음엔 웃을지도 모르지만 곧 재미있어 할 것이다. 아이는 결국 진지해지고 순수해지고 발전할 수밖에 없다. 부모는 아이가 명상을 통해 발전하는 모습을 쉽게 목격할 수 있다.

❁ ❁ ❁

"명상을 겁낼 필요는 없다.
괴이하고 어려운 방법이 아니다.
세상에서 가장 순수하고 쉬운 수련이다.
이는 종교와 이념, 철학을 초월한
신과 같은 존재가 하는 수련이다.
이러한 수련으로 영혼은 급성장한다.
입시 공부 정도는 아주 쉬운 일이 된다."

하늘이 돕는 아이로 키우기

이제 얘기를 마무리할 때가 된 것 같다. 몹시 아쉽다. 아이를 가르친다는 것은 그 무엇보다도 중요한 것이지만 한계가 있는 법이다. 아이가 갖추어야 할 성공은 하늘의 별만큼이나 많다. 그러나 이 정도로 만족할 수밖에 없다. 이 책에서는 가능한 모든 것을 담도록 애를 썼는데 어떤 것들은 잘 납득되지 않는 부분도 있을 것이다.

아무리 좋은 가르침이라 하더라도 아이마다 조금씩 다를 수가 있기 때문이다. 이런 사항은 부모들이 선택할 문제이다. 다만 이 책에서 제시한 어떤 것들은 절대적이어서 그 점을 특히 집중하면 된다. 운이라는 것은 끝이 없다. 하지만 그 유형은 무한하지 않다. 종류가 정해져 있다는 뜻이다.

그런 뜻에서 보면 이 책은 영혼이 갖추어야 할 것을 대부분 가르쳤다고 믿는다. 이제부터는 실천이다. 알고도 실천하지 않는다면 알았다고 할 수도 없다. 아이의 운을 좋게 하는 일은 아이 자신보다 부모의 노력에 달려 있다.

어떤 아이들은 부모가 아무리 사랑하고 가르치려고 노력해도 받아들이지 않는다. 그러나 이에 실망할 필요는 없다. 힘 닿는 데까지 가르치면 된다. 성품이란 하나의 좋은 것이 다른 성품을 끌어들이는 것이기 때문에 작은 하나로도 많은 성과를 낼 수 있다.

그래서 많이 가르치기보다는 확실히 가르치는 것이 낫다. 아이는 오늘은 모르다가도 철이 들어가면서 어느새 알기도 한다. 오늘 가르친 것은 바로 결판이 나지 않는다는 뜻이다. 어떤 것은 많은 시간이 흐른 후에 서서히 나타나기도 한다. 어떤 경우라도 아이에 대한 희망을 버리지 않고 꾸준히 가르친다면 마침내 성공할 것이다.

운이란 만드는 것인데 기다림 또한 필요하다. 아이의 운은 평생을 두고 나타나는 것이므로 먼 훗날이라도 또다시 가르치면 된다. 여기서 아이가 갖추어야 할 성품 한 가지만 더 얘기해보자. 선악에 관한 문제인데 이 문제는 인간의 모든 교육에 필요한 요소이다. 부모들은 항상 아이가 착한 사람이 되기를 바라지 않는가!

인간이란 크게 보면 선해지기 위해 사는 존재라고 할 수 있다. 선악의 문제는 종교에서는 물론이고 철학에서도 아주 중시하고 있다. 교육이란 것은 실은 이 범위 안에 있다. 인간의 운명이 좋아지려면 당연히 선한 사람이 먼저 되어야 한다. 누구나 아는 얘기이다. 착한 사람이 하늘의 복을 받는 법이다.

명심보감에는 이런 말이 있다. "선을 축적한 가문은 경사스러운 일이 남아 있다." 개인이든 가문이든 선하면 복을 받는다는 것은 절대 진리이다. 다만 선한 것이 무엇인지는 그리 간단히 이야기할 수 있는 것이 아니다.

철학자 플라톤은 선에 대해 연구하였는데 그는 선함과 선한일은 다른 개념으로 파악했다. 사실이 그렇다. 선함이란 사람의 마음이고 선한 일은 행위일 뿐이다. 선한 일을 한 번 했다고 선한 사람이 되는 것이 아니다. 교육의 목표는 어디에 둬야할까? 당연히 선함일 것이다.

그러나 잘 생각해봐야 한다. 마음은 선한데 선한 일을 하지 않는다면 선함의 증거를 어디에서 찾을까? 이 문제는 동양학에서도 중요한 문제로 다루어진다. 소위 이기理氣론에서 그것을 다루는데 선함이란 선한 일에서 찾아야 한다는 것이 결론이다. 이 또한 당연하다. 어떤 사람이 선한 일 한 번 안 했다면 그는 과연 선한 사람이겠는가!

마음이 선하다고? 그것은 도대체 어떤 마음인가? 마음이 약한 사람을 흔히 선하다고 이야기하는데 이는 아주 틀린 생각이다. 약한 마음일 뿐이다. 영웅의 마음이 약한가? 좋은 일을 하는 사람의 마음이 약한가? 오히려 영혼이 약한 사람은 재수가 없다. 좋은 일도 할 수 없기 때문이다.

그래서 선한 마음을 논해서는 안 된다. 선한 일이 더욱 중요하다. 마음이 착하다는 말은 못 들어도 좋다. 실제로는 운명을 좋게 만드는 것은 선한 마음이 아니라 선한 일이다. 그러므로 인간은 어쨌건 선한 일을 해야 한다. 아이에게도 선한 일을 하도록 가르쳐야지 선한 사람이 되라고 하는 것은 의미 없다.

아이가 "네 알겠습니다" 하고 대답했다고 하더라도 정작 그 아이는 선해지지 않는다. 선한 일을 악한 마음을 가지고 실행했다 하더라도 그로써 운이 좋아지는 법이다. 반면 선한 마음을 가지고 있는데도 선한 일 한 번 안 하면 벌을 받는다. 운명이 나빠진다는 뜻이다.

아이의 교육은 실질적으로 이루어져야 한다. 운명이 좋아지도록 가르치라는 말이다. 선한 일은 큰 것도 작은 것도 있다.

어차피 아이가 할 수 있는 일은 자그마한 것일 뿐이다. 부모의 심부름을 해준다거나 다른 사람에게 인정을 베푼다거나 양보를 한다거나, 어려운 사람을 도와준다거나 좋은 말을 남에게 해준다거나 선물을 하는 정도일 것이다.

분명 작은 일이다. 그러나 이로써 아이가 선한 일을 하는 습관을 들이게 되고 운명이 좋아지는 법이다. 선한 일을 통해서 선함의 뜻도 알게 된다. 그렇게 되면 어느덧 아이 안에 착한 성품이 자리 잡게 된다.

선의 효능에 대해서도 살펴보자. 선한 아이는 장차 어떻게 되는가? 당연히 운명이 좋아질 것이다. 그러나 운명 말고 당장에 좋아지는 것이 있다. 바로 지혜이다. 지혜? 그렇다! 지혜는 주역에서 인ㅅ으로 분류한다. 천지인 삼재 얘기이다.

강함은 천이다. 귀한 것은 지이다. 그런데 강함과 귀한 것을 갖추게 되면 지혜를 저절로 갖추게 된다. 강하고 귀한 아이가 어리석은 경우는 없다. 천지인 삼재로 인한 영혼의 법칙이 그렇다. 퀴즈 문제를 많이 푼다고 아이가 지혜로워지는 것은 아니다. 수학 문제를 잘 푼다고 지혜로워지는 것이 아니다. 강하고 착하면 되는데 착함은 행동이다. 강한 것도 물론 행동에서 나온다.

아이에게 부모는 언제든 선한 행동을 많이 보여주어야 한다. 아이에게 선한 일을 시켜야 한다. 아이가 뜻을 몰라도 좋다. 선한 일은 차츰 선한 마음을 유도한다는 것이 중요하다. 그리고 선한 일은 다름이 아니다. 사람을 이롭게 한다는 것, 즉 사람을 도와주는 것을 말한다.

남을 오래 돕다 보면 아이는 자기 자신을 돕는 법도 터득하게 된다. 하늘은 스스로 돕는 자를 돕는다는 말이 있는데 바로 이 뜻이다. 자기를 돕는 것이 바로 자신의 운도 일으키는 것이다.